AUFBAU BIBLIOTHEK

Dies ist die wahrhaftige Geschichte von der sündigen Seele eines indischen Spitzbuben. Zu ihrer sittlichen Läuterung erfährt sie vier Jahrtausende hindurch Wiedergeburt um Wiedergeburt. In immer neuen Verkörperungen, als mächtiges Geschöpf oder als armselige Kreatur, als Mann, als Frau, als harmloses oder als räuberisches Tier, in Indien, Ägypten und Griechenland wandert sie über die Erde, und weil sie so tapfer und fröhlich ist, ist ihr gestattet, sich all ihrer Wandlungen auch jederzeit zu erinnern.
Ein frühes Werk Montesquieus (1689–1755), ist dieses charmante kleine Bravourstück des großen Aufklärers und Rechtsphilosophen erst 150 Jahre nach seinem Tod entdeckt worden. Victor Klemperer hat die Erzählung erstmalig ins Deutsche übertragen.

*Montesquieu*

# WAHRHAFTIGE GESCHICHTE

Aus dem Französischen
und mit einem Vorwort
von Victor Klemperer

*Aufbau Taschenbuch Verlag*

Titel der Originalausgabe
*Histoire véritable*

Herausgegeben von Victor Klemperer
Mit Holzschnitten von Werner Klemke

ISBN 3-7466-6010-6

1. Auflage 1997
Aufbau Taschenbuch Verlag GmbH, Berlin

Umschlaggestaltung Andreas Heilmann, Hamburg
Freigestellt nach einem Kupferstich von Jean Baptiste Compagnie
nach Francois Bonneville, AKG Berlin
Druck Ebner Ulm
Printed in Germany

MONTESQUIEU

## VORWORT

Der große Aufklärer Montesquieu verdankt seinen Weltruhm drei zeitlich, stofflich und stilistisch weit auseinanderliegenden Werken. Er veröffentlichte 1721 die satirischen »Perserbriefe«, einen ausgesponnenen Roman im Ton des Rokoko und der aristokratischen Salon-Unterhaltung, sprühend witzig und üppig erotisch: zwei Perser sehen Paris mit ihren persischen Augen und stellen Vergleiche an mit ihren heimischen Zuständen. Dreizehn Jahre danach erschienen die »Betrachtungen der Gründe für den Aufstieg und den Verfall des römischen Reiches«, eine düster pathetische historische und geschichtsphilosophische Abhandlung. 1748 endlich, sieben Jahre vor seinem Tode, setzt der ermüdete Mann den zögernden Schlußstrich unter sein eigentliches Lebenswerk, an dem er jahrzehntelang gearbeitet hat, den »Geist der Gesetze«. Hier steht die Frage der Staatsverfassung im Mittelpunkt, und es gibt seit der großen französischen Revolution keine mehr oder minder liberale Verfassung der bürgerlichen Welt, die nicht den Lehren des *Esprit des lois* verpflichtet ist. Aber nicht nur Staatsrechtler, Juristen und Politiker haben aus dem ungeheuer vielfältigen und ideenreichen Werk geschöpft; auch den Historikern, den Literarhistorikern und Kulturphilosophen hat es Ungemeines gegeben, auch Naturwissenschaftler hat es bereichert.

»Perser«, »Römer« und »Geist der Gesetze« – sie scheinen ganz voneinander getrennt und sind doch geschwisterlich verbunden.

Charles-Louis-Joseph de Secondat, aus jungem Beamtenadel, war am 18. Januar 1689 auf Schloß La Brède bei Bordeaux geboren; den Namen Montesquieu übernahm er von seinem Onkel als Erbe seiner Vizepräsidentenschaft am Parlament der gaskognischen Provinz Guyenne. Parlamente hießen die obersten Gerichtshöfe; die Richterstellen mußten gekauft werden, aber ein gründliches Studium hatte voranzugehen, und Montesquieu hat nach und schon neben dem Besuch des Gymnasiums die ausgedehntesten juristischen Studien getrieben.

Doch sein Interessenkreis ist von Anfang an ein größerer. Daß er sich mit den antiken Schriftstellern und der Descartesschen Philosophie befaßt, bedeutet ihm vom Gymnasium her eine Selbstverständlichkeit. Er ist aber auch sogleich empfänglich für die neuen Ideen, die seit der Jahrhundertwende aus England herüberkommen: er dringt in die sensualistische Philosophie ein, er beschäftigt sich ernsthaft dilettierend mit naturwissenschaftlichen Fragen und physikalischen Experimenten. Bei alledem bleibt er nicht auf die Studierstube und auf das Richteramt in der Provinz beschränkt. Er ist ein wirtschaftlich unabhängiger Aristokrat, er hat schöngeistige Neigung und Begabung, er bewegt sich gern in der Hauptstadt und in ihren Salons. Von den »Perserbriefen«, die ihn über Nacht berühmt machten, sagte die Herzogin von Chaulnes: »Der Mann hat sein Buch mitten in der Gesellschaft verfaßt.«

Doch hinter und über all diesen Betätigungen steht bei Montesquieu ein Gedanke mit der Starrheit einer fixen Idee.

Seine reifen Jugendjahre fallen in die Zeit schwerer französischer Zerrüttung. Ludwig XIV., den man lange als Sonnenkönig gefeiert hatte, hinterläßt bei seinem Tode ein durch das viele Kriegführen, den schamlosen Luxus des Hofes und des bevorrechteten Adels, die Schäden der Verwaltung und Justiz ruiniertes und erbittertes Volk. Nur der dünnen besitzenden Oberschicht geht es gut – auf Kosten aller anderen. Unter dem fromm gewordenen alten König hat sie ihre Genußsucht und ihren Sittenverfall einigermaßen mit der Maske christlicher Tugend bekleiden müssen; unter dem Regenten tut sie sich nicht den geringsten Zwang mehr an. Es gibt Beobachter, die eine staatliche Katastrophe für nahe bevorstehend und unvermeidlich halten; es gibt da und dort wertvolle Köpfe, die auf Reformen sinnen.

Montesquieu ist immerfort von dem umfassendsten Problem erfüllt; ihm geht es nicht um einzelne Reformen, ihm geht es um die Frage, wie ein gesundes Staatswesen beschaffen sein müsse und ob ein Gesetzgeber die Möglichkeit habe, es zu schaffen. Inmitten des spielenden Perserromans steht, die Aufklärung mit dem Rokoko verschmelzend und ein deutliches Präludium des *Esprit des lois*, das ausgeführte Märchengemälde eines Idealstaates. Es ist ein ganz optimistisches Gemälde: der jugendliche Rationalist zweifelt nicht an der Macht eines weise konstruierenden Gesetzgebers.

Aber die Utopie kann ihn auf die Dauer nicht befriedigen. Er will weder dichten noch spekulieren, er will aus der Beobachtung der Wirklichkeit in Gegenwart und Geschichte reale Gewißheiten gewinnen. Er studiert, er sammelt, er macht 1728 bis 1730 eine Bildungsreise, die ihn nach Deutschland, Österreich, Ungarn, Italien, der Schweiz, Holland und England führt – auf England stützt sich seine Lehre von der Teilung der Gewalten –, er will aus dem Verlauf der römischen Geschichte Ergebnisse und Beispiele für den *Esprit des lois* herauslesen.

Doch allmählich geht ihm die strahlende Zuversicht der »Perserbriefe« immer mehr verloren; aus der sensualistischen Philosophie, aus der Naturwissenschaft glaubt er auf die Hilflosigkeit des menschlichen Einzelwollens, auf die Ohnmacht der Persönlichkeit der Geschichtsentwicklung gegenüber schließen zu müssen. Seine Römerstudie wird zur dunkelsten Schicksalsballade – dabei zu seinem literarisch bedeutendsten Kunstwerk. Er kann sie nicht in den »Geist der Gesetze« aufnehmen, da sie ja dem Gesetzgeber keine Möglichkeit des Helfens offenläßt: die römische Republik, lehrt er, war durch die kausale Verkettung der Dinge zum unabwendbaren Untergang bestimmt, sie wäre selbst dann gefallen, »wenn Caesar den Rubikon nicht überschritten hätte«.

Die »Römer« bedeuten für Montesquieus pessimistische Stimmung den Tiefpunkt, zugleich auch wohl ihr Abreagieren. Er kann es nicht lassen, an der Verwirklichung seines Planes zu arbeiten trotz allem, es ist ein tragisches Ringen mit den Schicksalskräften. In dem endlich abgeschlossenen, richtiger gesagt: endlich veröffentlichten Riesenwerk, denn es versickert mehr in gelehrten Fachuntersuchungen, als daß es entschieden schlösse, ist ein Ausgleich zwischen dem Ja und dem Nein der »Perser« und der »Römer« versucht, wie man denn auch die so gegensätzlichen Tonarten der beiden Bücher nebeneinander antrifft. Sehr behutsam wird dem Wirken des Gesetzgebers ein schmales Feld freigelegt, oft fühlt man die tragische Spannung in Montesquieu, und am Schluß seine Müdigkeit. Im allgemeinen sind die vielen, die sich mit ihm beschäftigt haben, an diesem tragischen Moment, das ihn bisweilen zum Dichter werden läßt und das seinem unendlich vielfältigen und widerspruchsreichen Gesamtwerk die Einheit verleiht, achtlos vorbeigegangen; die Literarhistoriker haben ihn für einen spöttisch-kühlen Literaten des Rokoko genommen, die Fachgelehrten des Staatsrechts und der anderen in Frage kommenden Wissenschaftsgebiete haben jeder registriert, was gerade für das eigene Spezialgebiet aus der ungeheuren Stoff- und Gedankensammlung verwertbar ist.*

Rund anderthalb Jahrhunderte nach Montesquieus Tode kam aus dem Archiv von La Brède die »Wahrhaftige Geschichte« ans Licht, deren genaues Entstehungsdatum unbekannt, die aber bestimmt ein Erstling vor den »Perserbriefen« ist; ihr Autor dürfte sie ungedruckt gelassen haben, weil sie ihm durch die »Perser« überholt schien. Für den Montesquieu-Forscher besteht einer ihrer Hauptreize gerade in dem, was Montesquieu selber als ihre Schwäche empfunden haben wird: man findet hier alle späteren Gedanken des Mannes in keimhaftem Zustand, und sie stehen noch unbekümmert nebeneinander. Der Erzähler verfährt wie ein ganz junger Mensch, der sich plötzlich vielen Kostbarkeiten gegenübersieht und nach allen greift, sich an allen erfreut, ohne eine Auswahl und Entscheidung zu treffen.

Und weiter interessiert den Fachmann die literarische Form der Erzählung. Zu Voltaires genialsten Leistungen zählen seine »kleinen Romane« – man denke an den *Candide*, den *Micromegas* usw. Die *Histoire véritable*, lange vor Voltaires Geschichten entstanden, ist genau solch ein kleiner Roman mit

* Der hier gebotenen Skizze und Auffassung liegt meine 1914/15 erschienene zweibändige Montesquieu-Monographie zugrunde.

allen Kennzeichen der amüsanten Gattung: keine Einzelheit darin ist vom Autor selber erfunden, nur die Verknüpfung der von da und dorther übernommenen Motive, das blitzschnelle Tempo der Handlung und der satirische Bezug auf aktuelle Zustände, Begebnisse, Anschauungen, der in jeder Szene vorhanden und um dessen allein willen sie da ist, machen die Originalität des Verfassers aus. Montesquieus viertausend Jahre alter Held, dessen Seele um ihrer Sünden willen endlose Erdenwanderungen in immer neuen Gestalten durchmachen muß und um ihrer Tapferkeit willen sich jedesmal ihrer vorangegangenen Schicksale bewußt bleiben darf, bewegt sich deutlich in der korrupten Gesellschaft der Régence – gleich die erste Seite bringt eine unzweifelhafte Anspielung auf den Lawschen Finanzkrach – und ist ganz erfüllt von den Ideen und Stimmungen der Epoche.

Und dies macht nun das Werkchen so wertvoll, weit über den Kreis der Spezialisten hinaus: es belehrt uns in heiterster Form über das beginnende 18. Jahrhundert in Frankreich, über seine Dekadenz und über sein Aufstreben zu Freiheit und Humanität.

Die »Wahrhaftige Geschichte« ist bei uns kaum bekannt; sie ist auch nie in deutscher Sprache erschienen. Als ich sie im Anschluß an meine Montesquieu-Monographie übersetzte, stand das französische 18. Jahrhundert bei vielen in geringem

Ansehen; manchen war es nicht fromm und idealistisch genug, anderen wieder zu wenig ästhetisch und zu politisch. Heute bringen wir ihm die höchste Schätzung entgegen, und in den neuen Lehrplänen unseres Hochschulunterrichts spielt es eine sehr große Rolle. Denn seine Entwicklung gipfelt in der französischen Revolution, von der Henri Barbusse einmal schrieb: »Wenn ihre großen Männer heute lebten, wären sie alle Bolschewiki, denn die französische Revolution begann und hinterließ unfertig, was die russische Oktoberrevolution vollendete.«

(1952) VICTOR KLEMPERER

# WAHRHAFTIGE GESCHICHTE

## DER BUCHHÄNDLER AN DEN LESER

Schon lange suchte ich ein Buch zu drukken, gut, mittelmäßig oder schlecht, wenn es sich nur gut verkaufte, um meinem Geschäft aufzuhelfen; das ist ein bißchen heruntergekommen, seit ein Gelehrter vom Mississippi meinen ganzen Büchervorrat aufkaufte und mich mit Banknoten bezahlte, die unter meinen Händen ihren Wert verloren. Gott verzeihe denen, die das verschuldet haben! Eine hervorragende Persönlichkeit unter meinen Freunden ist auf meine Absichten eingegangen und hat mir dies kleine Werk verschafft, das ich mich der Öffentlichkeit zu übergeben beehre.

Ich hätte es sehr gern gesehen, wenn der Bearbeiter, der es unseren Sitten angepaßt hat, auf seine eigene Gefahr hin irgend etwas auf die gegenwärtigen Zeitläufe Abzielendes hinzugefügt hätte. Der einsichtige Leser wird mich völlig verstehen. Ich bitte ihn dringend, darauf zu achten, ob nicht etwa in der Erzählung all dieser Abenteuer eine leiseste Anspielung vorkomme, die meinem Buch ein Ansehen verschaffe und mein Schäfchen ins trockene bringe.

Nicht als ob ich für meine Person mich offen mit den Behörden überwerfen wollte; nicht ihre Aufmerksamkeit, sondern die des Publikums möchte ich wachgerufen sehen.

Ein Schöngeist, der manchmal in meinen Laden kommt, wo wir sehr auf ihn hören, behauptete neulich, es sei kein wahres Wort an meiner ganzen »Wahrhaftigen Geschichte«. Zu dieser Ansicht ist er dadurch gelangt, daß Fräulein von Scudéry eine halbwegs ähnliche Idee zur Ausschmückung eines ihrer Romane benutzt hat.

Übrigens sind auch die Abenteuer des Mandarinen Fun-Hoam von der ganzen Kritik für Fabeln gehalten worden.

Ich bin nur ein armer Buchhändler und weiß nicht recht, was davon zu halten ist; aber das Publikum kann ja mein Buch als Roman kaufen, wenn es ihm nicht geraten scheint, es als Geschichte zu kaufen.

# ERSTES BUCH

Ohne Widerrede war ich der größte Spitzbube ganz Indiens und obendrein Diener eines alten Gymnosophisten, der seit fünfzig Jahren daran arbeitete, sich eine glückliche Wandlung zu verschaffen, und durch seine harten Kasteiungen sich auf dieser Welt zum Skelett umbildete, um nicht in jener in ein niederes Tier verwandelt zu werden. Ich dagegen verhärtete mich wider alles, was mir künftig zustoßen könnte, und richtete ein schreckliches Blutbad unter allen Tieren an, die in meine Hände fielen. Gewiß rührte ich die alten Hennen auf dem Hof meines Herrn nicht an, schonte einige fast sechzigjährige Gänse und betreute sorgsam eine alte, faltige Kuh, die mich zur Wut brachte. Ihr fehlten die Zähne zum Grasen, und wenn ich sie auf Befehl meines Herrn spazierenführte, mußte ich sie fast tragen.

Ich erhielt Almosen und kaufte unterderhand, was mir zu auskömmlicher Ernährung not tat, und mein Herr konnte nicht begreifen, wie ein Mensch von meiner Frömmigkeit so fett wurde bei der einen Unze Reis und den zwei Gläsern Wasser, die er mir täglich gab; er schrieb das dem besonderen Schutz seines Gottes zu, der mich mit einem Bäuchlein begnadete, wie es kaum die grausamsten Fleischesser hatten.

Erdrückt vom Alter, verbrannte sich mein Herr, und da er mich für einen Heiligen ansah, hinterließ er mir testamentarisch einen Befehl, auf den ich nicht gefaßt war. Ich sollte ihm nämlich auf dem von ihm eingeschlagenen Wege folgen. Er tat mir zuviel Ehre an, und ich war erst in rechter Verlegenheit. Aber während man mir viel Schmeichelhaftes sagte, sammelte ich mich und sprach mit ruhiger Festigkeit: »Errichtet mir sogleich einen Scheiterhaufen, und laßt mich ja nicht warten!« Ich wußte ganz genau, daß kein Stückchen Holz im Hause war, denn es ist sehr rar in Indien, und daß man die Zeremonie notwendig auf den anderen Tag verschieben mußte.

Kaum war es Nacht geworden, so floh ich fünfzig Meilen weit. Bald hatte ich all meine Habe verschwendet, und als einzige Hilfsquelle blieb mir nur das Gewand meines Herrn, womit ich den Heiligen zu spielen begann, aber mein Gesicht ruinierte mich.

Ich begann große Fasten und hatte nicht den Mut, sie durchzuführen. Ich ließ mich durch die Straßen peitschen,

führte mich dabei aber so übel auf, daß ich keinen Heller einnahm. Ich sah mehr wie ein Verbrecher aus als wie ein Büßer; ich floh wider meinen Willen unter den Rutenhieben; ich erregte nicht das Mitleid, sondern das Lachen des Publikums. Indessen raste ich am Abend, weil ich mich den ganzen Tag um nichts und wieder nichts hatte schurigeln lassen, wütete bald gegen das Handwerk, bald gegen mich selber, war in Verzweiflung, daß ich so feig gewesen, und sprach mir Mut zu für den nächsten Morgen.

Eines Tages stellte ich mich in Positur neben einem alten Bonzen, der seit fünfzehn Jahren die Arme in die Luft gestreckt hielt; kaum war ich zwei Stunden in dieser Stellung, so gab ich es auf.

Dann wollte ich in die Sonne starren; aber ich schloß die Augen, oder wandte den Kopf, oder hielt die Hand vors Gesicht, und so bekam ich nichts.

Ich sah einen Trupp jener Fakire, die zur Erlangung größerer Vollkommenheit sich unempfindlich machen und an den rebellischsten Körperteil ein Gewicht hängen, um ihn zu bezwingen. Ich wollte bei ihnen bleiben. Sie belasteten mich mit einem achtpfündigen Eisenring, den ich jämmerlich zwei Tage lang schleppte.

Da ich merkte, daß in diesem Beruf der

Bursche besser gestellt ist als der Herr, nahm ich noch einmal Dienst bei einem berühmten Philosophen, der mich zum obersten Helfer seiner Bußübungen machte. Wir gerieten nie in Streit, solange es sich nur um ihn handelte. Er fand in mir einen vollkommenen Schinder und unbarmherzigen Koch.

Eines Tages schloß er sich in ein winziges Kellerloch ein, in dem er bloß liegen konnte. Er atmete nur durch eine kleine Öffnung, und eine Lampe nahm ihm vollends die Luft. Er beschloß, sechs Tage so zu bleiben, ohne Speise und Trank. Da dieses Verhalten uns Almosen eintrug, feuerte ich ihn grausam an, und als seine sechs Tage auf die Neige gingen, sagte ich ihm fälschlich, ein anderer habe sich neun Tage vorgenommen, und brachte ihn durch meine Lügen, Mahnungen und Sticheleien dazu, noch drei Tage in seiner Stellung auszuharren.

Du meinst vielleicht, Ayesda, was ich dir eben erzählt habe, sei in unseren Tagen vorgefallen? Ich bemerke dir, es liegt viertausend Jahre zurück. Du scheinst erstaunt; laß mich nur fortfahren in meiner Geschichte! Wirklich, ich bin aufrichtig. Daß mich nicht Eitelkeit sprechen läßt, mag dir ja schon klargeworden sein.

Ich wollte eine junge Frau verführen. Ihr Gatte kam dahinter und schlug mich tot. Meine Seele war ganz neu und hatte noch keinen anderen Körper beseelt. Sie wurde an einen Ort gebracht, wo die Philosophen über sie Gericht halten mußten.

Man wog mein ganzes Leben, und die Schale des Bösen fiel nur so herab. Das Urteil lautete auf Übergang in die gemeinsten Tiere, und ich wurde unter die Gewalt meines bösen Genius gestellt, eines kleinen, schwarzgebrannten tückischen Geistes, der mich in allen künftigen Wandlungen zu führen hatte. Indessen bewahrte ich, statt Schreck, Betrübnis oder Klage zu äußern, meine übliche Heiterkeit und lachte hell heraus, als ich das Entsetzen der anderen Schatten sah. Da bewunderte einer der Hauptphilosophen meinen Mut, wurde mir freundlich gesinnt und sagte: »Damit du siehst, daß ich deine Festigkeit schätze, will ich dir das einzige in meiner Macht stehende Geschenk gewähren; es ist die Gabe der Erinnerung an alles, was dir in allen Umwälzungen deines Wesens zustoßen wird.«

Zum Anfang hatte ich sieben- oder achthundert Wandlungen von Insekt zu Insekt durchzumachen. In all der Zeit boten meine Lebensläufe nichts Bemerkenswertes. Als Heuschrecke knabberte ich meinen Anteil an einer Zwanzigmeilenstrecke; eine andre Wandlung führte mich in einen Ameisenhaufen hinab, wo ich den ganzen Sommer über wie ein Kamel Vorräte karren mußte. Schließlich diente ich in einem Hornissenschwarm gegen eine Wespenarmee und fiel unter den ersten.

Ich kam als Papagei zur Welt, lebte in den Wäldern und hatte vergnügliche

Tage. Daheraus verschleppte man mich unter die Menschen. Gleich lernte ich wie sie sprechen; ihnen dagegen fehlte es an Geist, wie ich zu singen, weshalb ich sie denn auch recht geringschätzte. Ich wurde in einen eisernen Käfig gesperrt und betrübte mich darüber in den ersten Tagen sehr. Doch mochte ich den Wein, der mir nicht ausging, und ertränkte in ihm all meine Kümmernisse.

In alledem, lieber Ayesda, wirst du den Schlüssel finden zu allen dunkel verworrenen Sympathien und Antipathien; ihr Grund wird den Leuten ohne meine Gabe immer verschlossen bleiben. Nimm als Beispiel hier meine Neigung zur Musik; ich kann dir sagen, sie beruht ein wenig darauf, daß ich einstmals eine kleine Nachtigall gewesen bin, und meine große Leichtigkeit im Ausdruck wirst du auch ohne Verwunderung sehen, sobald du weißt, daß ich vor gar nicht langer Zeit eine endlos schwatzende Elster war, der man ein Auge ausgestoßen hatte.

Bald wurde ich in einen kleinen Hund verwandelt. Ich war so niedlich, daß meine Herrin mich tagsüber zum Krüppel machte und nachtsüber erstickte. Ich mußte mich auf die Hinterpfoten stellen und durfte die Vorderfüße nicht mehr gebrauchen. Sie schüttelte mir die Ohren, all meine Muskeln zerrten sich, und verdoppelte sich ihre Liebesentzückung, so schwebte ich immer in Lebensgefahr. Zu meinem äußersten Unglück bildete sie sich ein, wenn sie mich Hungers sterben ließe, würde ich noch reizender sein. Ich war in Verzweiflung und beneidete einen alten Kettenhund recht sehr um seine Lage; um den kümmerte sich keiner, und er verbrachte sein Leben in einer Küche als epikureischer Philosoph. Nach zwei Jahren der Verfolgung starb ich und hinterließ eine große Leere im Leben meiner Herrin, deren ganze Beschäfigung ich ausgemacht hatte.

Die Stunde nahte, wo ich ein ansehnliches Tier werden sollte. Ich wurde Wolf, und mein erster Handwerksstreich bestand in der Verspeisung eines alten Phi-

losophen, der in Gestalt eines Hammels auf einer Wiese graste. Nach mehreren Wandlungen wurde ein Bär aus mir. Aber ich hatte das Tiersein so satt, daß ich ein tugendhaftes Leben in Erwägung zog, um zu sehen, ob ich auf diese Weise nicht meine Menschrückwerdung erhalten könnte. Ich beschloß also, keine Tiere mehr zu fressen und traurig mein Kraut zu grasen. Ich führte mich so gut auf, daß die Hämmel mich zu umhüpfen begannen und ich in schönste Wut geriet. Gelüste packten mich. Nein! Niemals habe ich so gelitten!

Mein Genius hielt mich für würdig, ein gutes Tier zu werden; ich wurde als Wildschwein getötet und kam als Lamm zur Welt.

Nebenbei gesagt habe ich nie so recht begriffen, warum die Götter, die das Glücksmaß aller Geschöpfe kennen, sie zu Lohn und Strafe so vielen Wandlungen unterwerfen. Ich habe mich nie in einer oder der anderen Hülle wesentlich glücklicher befunden. Freilich, je gutartiger ich als Tier war und ein je leichteres Leben ich hatte, um so mehr stieg in mir die Hoffnung auf Menschwerdung; wohingegen, wenn ich eine grausame Bestie war, ich mich beim Fehlen eines gesicherten Unterhaltes fast immer den Qualen des Hungers oder der Überfülltheit ausgeliefert sah.

Eines Tages stieß mir ein recht seltsames Abenteuer zu. Ich lebte als Rind in Ägypten, einzig mein armseliges bißchen Schilf zu verzehren bedacht, als ein paar Priester an meinem Weideplatz vorbeikamen. Die schrien, ich sei Apis, beteten mich an und führten mich wie im

Triumph in einen mächtigen Tempel. Oft, seitdem ich Mensch geworden, sind mir große Erfolge zugefallen, ohne daß mehr Verdienst von meiner Seite dabei war als damals.

Ich besaß geringe Eitelkeit, und der Weihrauch, den man mir streute, ließ mich kühl; doch kränkte es mich nicht, daß ein Teil des mir geltenden Kultes in gutem Futter bestand. In einem Monat war ich glatt und völlig, und darin sahen sie ein Zeichen für das Gedeihen des Staates. Wenn ich krank war, so weinte ganz Ägypten. Ich lachte in mich hinein beim Anblick der allgemeinen Untröstlichkeit. Ich war tückisch wie ein Affe und spielte oft den Kranken, um nur alles in Tränen zu sehen. Aber einmal hörte ich einen alten Priester sagen: »Die Gesundheit des Gottes ist so schwankend, daß er nicht mehr in dieser Form verehrt werden will; beim nächsten Rückfall wollen wir ihn in der heiligen Quelle ertränken.« Diese Rede machte Eindruck auf mich, und von da an war ich bei sehr guter Gesundheit.

Weißt du, lieber Ayesda, alle Tiere hängen instinktiv an ihrem Leben, und deshalb betonen ja die Philosophen so stark das Verbot, sie zu töten. Weil jede Seele gern den ihr zugefallenen Körper bewohnt, kann man sie nur durch einen Akt der Gewalt daraus vertreiben.

Eines Tages dehnte sich mein Geist; ich war ein beträchtlicher Philosoph; ich besaß Vernunft, praktischen Verstand, Umsicht – kurzum, ich war jetzt Elefant. Ein König von Tibet kaufte mich mit der Bestimmung, eine der Königinnen zu tragen. Eines Nachts, als er mit seinen Frauen und dem sämtlichen Gefolge unterwegs war, fühlte ich, wie meine Last um die Hälfte zunahm. Mein Führer war in den Käfig gestiegen, worin die Königin saß. Seine Lust nahm ihn so hin, daß er gar nicht daran dachte, mich zu lenken. Ich aber ging immer ruhig zu. Schließlich kletterte er herunter, und um nun zu zeigen, daß er wieder auf dem Boden war,

begann er zu fluchen und mich zu prügeln. ›Lieber Gott‹, sagte ich mir da, ›die Menschen sind doch arg ungerecht! Nie sind sie geneigter, andere unglücklich zu machen, als wenn sie selber irgendein Glück genießen.‹

Ein junger Elefant war in den Wäldern gefangen worden und wurde einem meiner Kameraden und mir zur Abrichtung übergeben. Wir nahmen den Schüler zwischen uns und zwiebelten ihn derart, daß er gleich Bescheid wußte, und er wurde zahm und gehorsam wie wir selber. Ich sah, welches Vergnügen mein Kamerad daran fand, so als Vorgesetzter zu handeln.

Ich reflektierte: ›Die natürliche Freiheit ist von allen Seiten bedrängt. Die in Sklaverei Lebenden sind der Freiheit des Nächsten genauso feind wie die Befehlsmächtigen.‹

Eine der königlichen Frauen wurde mit einem Mann überrascht und dann verurteilt, unter meine Füße geworfen und von mir zerstampft zu werden. Ich sprach zu mir: ›Das ist nun ein Mann, um keine Elle länger als andere auch, und fällt der Vorsehung so zur Last, als hätte sie ihm tausend Körper gegeben. Wie viele Menschen könnten an den Speisen satt werden, die ich auf seinen Tisch habe stellen sehen? Wir sind dazu ausersehen, seine Person zu tragen, und könnten doch bequem ein ganzes Heer tragen, und dann braucht er gar eine zahllose Weibermenge für seine Lust oder Unlust. Sein Leib hat wenig Bedürfnisse, aber sein Geist vervielfältigt sie, und außerstande, mehr als engbegrenzte Lust zu empfinden, bildet er sich ein, alles mitzugenießen, was er dem Nebenmenschen an Lust entzieht. Ich soll jetzt eine Frau wegen Rechtsbruches strafen; die so ein Recht gegeben haben, sind tausendmal schuldiger! Ich gehorche, aber nur voller Bedauern!‹

Als ich meines Amtes gewaltet hatte, wollte der König mich streicheln; ich war aber so wütend auf ihn, daß ich ihm eins mit dem Rüssel versetzte und ihn zehn Schritte weit fortschleuderte.

Im ersten Augenblick umringten mich die Höflinge, und tausend Dolche funkelten mir entgegen. Es war aus mit mir – da schrie einer: »Der König ist tot!« Plötzlich senkte alles die Waffen, ziemlich viele begannen mich zu karessieren, und gleich darauf war der ganze Schwarm verschwunden.

Bald hallte alles wider vom Geschrei und Zuruf der Menge. Man machte sich daran, den Präsumptiverben aus dem Kerker zu holen, in dem er gefangen saß. Die Leiche des verstorbenen Königs flog in eine Kloake. Mich umkränzten sie mit

Blumen, führten mich durch die Stadt und brachten mich in einen herrlichen Tempel. ›Was heißt das?‹ fragte ich mich. ›Da habe ich ein einziges Mal etwas Böses getan, und schon bauen sie mir Altäre.‹

Die Niedrigkeiten der Menschen empörten mich, ich floh und vergrub mich in die Wälder. Alle Tiere, die die wilden Bestien fürchten, begannen um mich herum zu weiden und betrachteten meinen Aufenthalt als ihr Asyl. Das machte mir Freude, und ich sagte mir: ›Der Löwe führt den Titel eines Königs der Tiere; er ist nur ihr Tyrann, und ich bin ihr König!‹

# ZWEITES BUCH

Wünschenswert wäre gewesen, daß ich nach meiner Menschwerdung soviel Tugend besessen hätte wie vordem als Trampeltier. Aber ich fand die alte Geistesruhe nicht mehr in mir noch auch die frühere Freiheit des Denkens, die Abgeklärtheit und Klugheit. Im Gegenteil, Leidenschaften erfüllten mich und wetterwendische Launen.

Mein Eintritt in die Gesellschaft war kein glücklicher, denn im Alter von achtzehn Jahren kam ich an den Galgen. Weshalb, könnte ich gern berichten, überfliege es aber. Genug, daß ich mich sehr anständig aufführte und während der ganzen Länge des Weges viel Lob für meine Haltung erntete. »Wahrhaftig«, sagte ein Handwerker, »er hält sich ehrenwert!« – »Ich bin Stammgast«, meinte ein anderer. »Seit dreißig Jahren besuche ich regelmäßig solche Versammlungen, und niemals habe ich einen Menschen besser seinen Abgang nehmen sehen als den.«

Ich sage dir Dinge, lieber Ayesda, die ich bequem verbergen könnte; aber bei meinen beständigen Wandlungen betrachte ich mich nicht als Individuum. Sehr oft bin ich Gauner, recht selten Ehrenmann gewesen. Schuld der Menschheit mehr als meine Schuld – und übrigens glaube ich nur für die Vorgänge meiner gegenwärtigen Erdenwanderung haften zu müssen und denke doch, du

zweifelst nicht an meiner diesmaligen Biederkeit.

Ich war in Messene geboren worden und heiratete. Ich nahm eine junge, hübsche, kokette Frau, die ihre mir geschuldeten Gefühle allen bei uns verkehrenden jungen Leuten zuwandte. Ich wurde eifersüchtig. Zu meiner Heilung zeigte sie mir aufs allerunzweifelhafteste, wie recht ich damit hatte. Vom gleichen Augenblick an war ich es nicht mehr, und nun lebten wir im besten Einklang von der Welt.

Ich wurde Witwer und heiratete eine verflossene Schönheit; weil sie ehedem viele Liebhaber besessen hatte, beanspruchte sie Verliebtheit von mir. Ich nahm eine Mätresse und meinte sie auszuhalten, da ich sie gut bezahlte. Ich fand aber, daß sie ihrerseits einen Kriegsmann aushielt; der Kriegsmann wiederum eine Apollopriesterin; die Priesterin einen Flötenspieler; der Flötenspieler eine Kurtisane; und die Kurtisane einen Lakaien. Mit einem Schlag ließ ich alle diese Haushaltungen zusammenfallen. Der Einfluß meiner ersten Gattin hatte mich zum Steuererheber des Königs von Korinth gemacht. Die Würdenträger pflegten bei mir zu speisen, und ich hatte gerade die Stirn, deren es ihnen gegenüber bedarf. Mein Geschäft ging schlecht, ich verlor den Posten, und kaum war mir die Möglichkeit des Räuberns genommen, so verschrie mich auch schon alle Welt als Schurken.

Einer neuen Metamorphose verdankte Sikyon den übelsten Dichter. In keiner meiner Wandlungen habe ich einen so schäbigen Rock getragen wie damals. Ich brachte mein jämmerliches Leben damit hin, auf die Großen zu hacken, die es gar nicht erfuhren, und auf die Kleinen, die sich nichts daraus machten. Ich glich den Vipern, die man in Gefäße sperrt und jahrelang darin fasten läßt, ich spritzte mein Gift rings um mich, ohne jemanden zu treffen.

In einer anderen Wandlung wurde ich Höfling. Vor allem begann ich mit einer stark zur Schau getragenen Verachtung meines Berufes und erklärte immerfort: »Lieber Gott, was ist das nur? Soll ich der Hofsklaverei niemals entrinnen?« Indessen hatte ich das Glück, zwei oder drei Gemeinheiten begehen zu dürfen. Lief bei so einer Geschichte meine Ehre Gefahr, so schob ich meine Frau vor, und sah ich einen Dummkopf, der sich zu plump aufgeführt hatte, um die öffentliche Achtung gebracht, so predigte ich aufs schönste gegen ihn. Dann hieß es: »Er kann keine Gemeinheiten ausstehen!« Sah ich einen Biedermann im Unglück, so galt er mir als Schurke, und sah ich einen Schurken in Flor, so galt er mir als Biedermann. Wer mich verachtete, wer mich demütigte, wer mich zur Verzweiflung trieb: die alle behandelte ich wie meine Freunde; die Leute unter mir aber, sofern sie mir nur nicht schaden konnten, behandelte ich wie meine Feinde. Im geheimen stellte ich allen Hofleuten das Horoskop. Konnte ich den Glanz eines Menschen voraussehen, begann ich vor ihm zu kriechen. Hatte ich mich in seinem Erfolg getäuscht, dann würdigte ich den Mann, um meinen Irrtum ordentlich quitt zu machen, keines Blickes mehr.

Hier muß ich dir, Ayesda, eine Überlegung mitteilen, die ich anstellte. In allen Lagen, an allen Orten, zu allen Zeiten habe ich gelebt und nie gefunden, daß die Ehre mich an einer niedrigen Handlung hätte hindern müssen. Ich habe bemerkt, daß es bei allen entehrenden Verbrechen immer eine Möglichkeit gibt, sie ohne Einbuße an der Ehre zu begehen, und mit diesem Richtschnürchen, das meine Erfahrung mir schon beim zweiten Lebensweg zeigte, habe ich die Gesetze befolgt und übertreten, bin ich ehrlich und unehrlich gewesen, habe ich immer, soviel in meinem Vermögen lag, getötet, gestohlen, betrogen – und alles nur, wie es die Ehre mir gestattete.

Jetzt einen Lebenslauf, wo ich in Mode war wie kein anderer Zeitgenosse. Ich war ein elender Offizier eines ägyptischen Königs, da packte mich die Lust, meine Kameraden unter ihren Zelten zu lassen und nach Theben zu gehen; dort begann ich zu spielen. Ich hatte, Gott sei Dank, geschickte Hände, und wollte das Glück mir nicht folgen, so schleppte ich's hinter mir her. Unglaublich, wie sehr mich die großen Herren liebten, die ich ruinierte. Ständig umarmten sie mich und baten mich tausendmal um Entschuldigung, wenn sie mir am Verfalltag das Geld nicht zahlten – das ich ihnen gestohlen

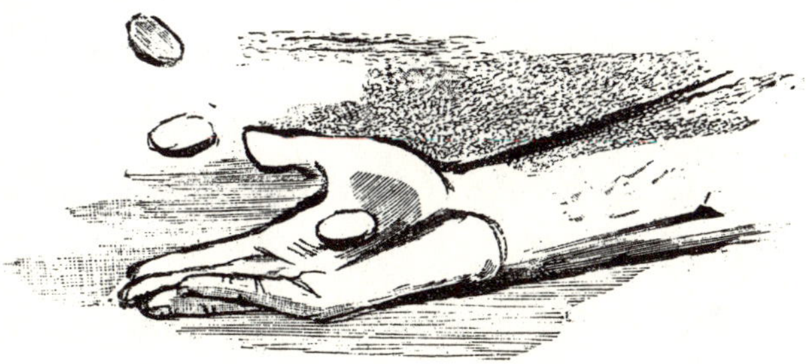

hatte. Ich habe dir ja gesagt, um moralisch zu handeln, hatte ich mich nicht aufs Spielen geworfen. Doch ließ sie mein guter Ton so viel Geschmack an mir finden, daß es sie in Verzweiflung brachte, einmal mit einem ehrlichen Menschen zu spielen und sich dabei langweilen zu müssen. Alle Lustbarkeit hatte ich mitzumachen und wußte dabei eine Gesellschaft mit solcher Grazie auszuplündern, daß die Frauen insgesamt mit mir liebäugelten; das war mir oft genug lästig, denn die daraus erwachsenden Zerstreuungen hinderten mich am gründlich ergiebigen Spiel. Meldete man mich in einer Gesellschaft, gleich empfing mich allgemeiner Jubel; ich war eine gewichtige Persönlichkeit und hatte doch weder Amt noch Wert, noch Adel, Geist, Redlichkeit oder Wissen.

Wieder ein anderes Leben begann ich in der Stadt Korinth. Ich debütierte in der Gesellschaft mit einem recht leidlichen Äußeren, einem zuversichtlichen Gehaben und sehr großer Geistesfreiheit.

Mein Haupttalent bestand in einer ausnehmenden Leichtigkeit des Geldabborgens. Ich fand höchst gefällige Leute,

aber ein Mensch, der zu meinen Freunden gezählt hatte, machte sich mir unerträglich; ich konnte ihm nämlich nicht vor die Augen kommen, ohne daß er Rückzahlung von mir verlangte. Bei seiner Dummheit bekam ich es nicht fertig, ihm meine Ideen klarzumachen, und es war nichts mit ihm anzufangen. Er verschrie mich in der ganzen Stadt und sprach so rücksichtslos von mir, daß ich ihm endlich den Mund mit Stockhieben schließen mußte. Er nahm sie geduldig hin, und darüber ärgerte ich mich in gewisser Hinsicht; hätte ich das gewußt, er hätte die Hiebe gleich anfangs bekommen. Meine Wechsel liefen immer häufiger um und vervielfältigten sich derart, daß es mir geraten schien, darüber Witze zu machen und die Geschichte ins Lächerliche zu wenden: womit ich ernsthaften Interpellationen vorbeugte. Ich wandte drei oder vier Bonmots auf und zog mich so aus der Angelegenheit. Ich versichere dir, ohne das Glück einiger angeborener Unverschämtheit wäre ich tau-

sendmal um meine Ehre gekommen. Die Fehler eines bescheidenen Menschen, weißt du, beurteilt man immer streng, und so hat die Schamlosigkeit, die gegen anderer Schamlosigkeit nicht aufzukommen vermag, den Ausweg, der immer wehrlosen Schüchternheit entgegenzutreten. Inzwischen starb einer meiner Verwandten, und ich machte die beträchtlichste Erbschaft. Ich beschloß, in einer beliebigen anderen Gesellschaft als Ehrenmann aufzutreten, und betrieb dies Handwerk auch einige Zeit. Das ist die feinste Spitzbüberei, die ihrer Kunst Redlichkeit beizumischen weiß.

Ich gestehe dir, Ayesda, in dem eben besprochenen Leben ließ ich mein Wesen etwas zu ausgeprägt werden. Wer in der Gesellschaft vorwärtskommen will, der muß (so ist mir's aufgegangen) nur ein halber Dummkopf und ein halber Lump sein. So nämlich steht er sich mit aller

Welt gut, denn dann berührt er sich nach vier Seiten mit den Dummen und den Geistreichen, den Lumpen und den Ehrlichen.

In meinem nächsten Dasein war ich von mittlerem Wuchs und blondhaarig bei männlichem Gesichtsschnitt und breiten Schultern. Ich wurde der Liebhaber fünf bis sechs alter Weiber und ebenso vieler jüngerer Greuel. Im Anfang schien mir meine Laufbahn hart. Aber durch ein Wunder der Gewöhnung und eine gewisse Kraft des Mechanismus wurden mir Alter und Häßlichkeit so vertraut, daß zu guter Letzt die Schönheit selber auf mich geringeren Eindruck gemacht hätte; denn die Vorstellung einer reizenden Frau erweckte schließlich in meinem Geist nur noch die Ideen der Armut. Ich war gar nicht auf Gefühle versessen; die bewundert man, erwidert man sogar, bezahlt sie aber nicht. Dagegen hatte, wenn es nach mir ging, eine Frau den Beweis ihres rechten Verhaltens immer in meiner Equipierung, meiner Kleidung, meinem Spiel zu sehen. Du würdest staunen, hörtest du die Wunder, mit denen ich eine solche Freigebigkeit anzuspornen unternahm. Mein Grundsatz war immer gewesen, zuerst einmal meinen eigenen Wert ins Licht zu setzen. Die Frauen, das wußte ich wohl, sind zu geizig, um sich für manche Liebhaber zu ruinieren, und wenn der Mann die Frau aus Laune verläßt, so verläßt sie ihn fast immer aus Gründen.

Ich suchte also das schöne Geschlecht über den Verlust seiner Reize zu trösten, stützte seine Hinfälligkeit, ehrte seine Furchen. Wo anderer Huldigungen aufhörten, sah es mich die meinen beginnen, und über seinen Undank habe ich durchaus nicht zu klagen, höchstens über eine gewisse wägende Gerechtigkeit: der Lohn stand in solcher Abhängigkeit vom Dienst, daß beide gleichzeitig endeten.

Wenn die Götter, lieber Ayesda, eine Seele läutern wollen, lassen sie sie Schritt um Schritt aus guten Tieren in bessere übergehen, und ist sie in Menschenleiber geschlossen und soll ans Ende ihrer Laufbahn kommen, so wird sie aus einem Dasein, das ihr etliche Tugendzüge verlieh,

in ein reicher damit bedachtes überführt. Da gestehe ich dir denn freimütig: wenn das Ziel so vieler Wanderungen wirklich die Tugend war, hatte ich keinen sonderlichen Fortschritt zu verzeichnen.

Wieder kam ich zur Welt, und als meine Wärterin in meiner Kindheit mich einmal schlafend unter einem Baum allein gelassen, fand sie bei ihrer Rückkehr, daß Bienen meine Lippen mit Honig bedeckt hatten. Ich soll samtweiche Händchen gehabt haben, silbrige Brauen und Augen, die nach jeder Richtung hin sanft blicken konnten. In der Schule bereiteten mir die Fußtritte meiner Kameraden niemals Kummer, und ihre Verachtung störte die zwischen uns bestehende Freundschaft in keiner Weise. Sobald ich einen Lebensplan zu entwerfen wußte, suchte ich mir einen beliebigen großen Herrn, der einen ihm allein gehörigen Spezialbewunderer brauchen konnte und

Dienste gegen Schmeicheleien auszutauschen geneigt war. Dann meinte ich, meinen Mann gefunden zu haben, und schloß mich ihm an. All seinen Worten pflichtete ich mit Nachdruck bei, ja, mein Kopf war so bei der Sache, daß er kein Schütteln oder Nicken unterließ, je nachdem der Herr das in Rede Stehende zu billigen oder zu verwerfen geruhte. Beim besten Willen hätte er keine Gelegenheit nennen können, bei der ich ihm zu widersprechen gewagt hätte, und das, obwohl ich geringen Grund zur Zufriedenheit mit ihm hatte; denn er war habgierig, zwar im Verschwenden erfahren, aber gar nicht im Schenken. Nach Ablauf meiner Dienstzeit legte ich ein allgemeineres Wohlwollen an den Tag, und der Umkreis meines Bewunderns wuchs beträchtlich. Zur Verzweiflung brachte mich eine Menschensorte, die den Titel der verdienstlichen führte und meine kleineren Huldigungen wie schuldigen Tribut, wenn nicht gar wie Beleidigungen hinnahm. Unbehaubare Holzklötze waren das, derart daß ich alle Verschönerungsversuche an ihnen gleich nach Beginn immer wieder aufgeben mußte. Aber im Verkehr mit Leuten, die in der Gesellschaft für Insekten galten, da war mir wohl. »Ihr kriecht«, sagte ich ihnen, »so anmutsvoll, daß ich euch allem vorziehe, was in den Lüften fliegt. Wißt ihr, ihr habt zahllose allerniedlichste Füßchen. Ihr dürftet nicht weit damit kommen, aber ihr geht sicher; und wo die meisten Leute auf eurem Körper nur Schuppen sahen, da entdeckt mein aus größerer Nähe und mit besserer Kenntnis betrachtendes Auge diamanten-, perlen- und rubinenglitzernde Berge.«

Dumm von mir, lieber Ayesda, mich bildlich auszudrücken in einer Erzählung, die schlicht sein muß. Wollt ich im gleichen Ton fortfahren, so könntest du mir mit Recht Geistreichelei vorwerfen.

Nun zu einem Leben, in dem ich selber meinen Charakter formte. Mein Geist war ein bißchen plump geraten, doch bemerkte ich wie durch Instinkt, daß die schwerfälligen Dummköpfe immer in Bewunderung vor den raschen Dummköpfen ersterben, die ihrerseits wiederum jene höflichst verachten. Hierdurch bestimmt, arbeitete ich daran, mein Wesen zu meißeln, und bemühte mich immerfort, meinem Hirn etwas abzugewinnen; gelang es mir nicht recht, so ließ ich mir am Reden genug sein und meine Gedanken den Worten hübsch weit hinterdreinhinken. Es gibt ja auch glückliche Zufälle, und unmöglich konnte mir im ständigen Würfelspiel meines Geredes all und jeder Gewinn versagt bleiben. Ich gab meinem Mechanismus mehr Schwung und fand mich überall ein, wo ich ins Auge fallen konnte. Ich grüßte nach allen Seiten, teilte rechts und links Umarmungen aus, kreiselte und überschlug mich, nahm auch ein heiteres Wesen an, indem ich jede Bemerkung mit hellem Lachen vorbrachte; das vermehrte ihre Annehmlichkeit, ungefähr wie ein begleitendes Musikinstrument den Reiz der Stimme erhöht. So kam einer jener Charaktere zustande, die für erträglich gelten, weil sie – ohne selbst unterhaltsam zu sein – immerhin zur Unterhaltung beisteuern. Freilich unterschied man in dem Volk, zu dem ich zählte, nur zwei Menschenklassen: die Amüsanten und die Nicht-Amüsanten; und weil wir gerade von besagtem Volk sprechen, so will ich dir auch noch den Hausspruch nennen, der auf jedem Giebel stand: »Langweilt nicht, und alles gehört euch; langweilt, und euch gehört nichts!« Auch war dort ein immer wiederholter Grundsatz: »Vergeßt nicht, den Frauen zu gefallen, wenn ihr die Achtung der Männer wollt«, und ebenso häufig hieß es: »Mit vierzehn Jahren muß euer Schliff vollendet sein, an eure Charakterausbildung zu denken beginnt mit sechzig«; und endlich, weil ja da sonst kein Aufhören wäre: »Versteift euch nicht darauf, Sachlichkeiten sagen zu wollen, wenn ihr gewandt genug seid, Nichtigkeiten sagen zu können.«

Ich fand in der Stadt nicht genug Ansehen und gewann es dann mit Hilfe des Hofes. Du wirst staunen, wenn ich dir den Grund meines Hingehens sage: um von dort herzukommen, ging ich zu Hof. Weilte ich danach unter den Bürgern, so lud ich alle Verachtung auf sie ab, die ich ausgestanden hatte. Meine Dummheiten ernteten Bewunderung, wenn ich sprach, und wenn ich nicht sprach, dann fand mein Schweigen Bewunderung. Ich pflegte zu erzählen, daß heut früh gerade fürstliches Lever gewesen und daß für morgen Hofjagd angesagt sei. Ein Philosoph, der den Sphärentanz und den Kreislauf der Gestirne kennt, konnte längst nicht so zufrieden mit sich sein wie ich mit mir, wenn ich den Sonnenauf- und -untergang des Ministers oder der Fürsten zu prophezeien wußte.

Aber wenn mir das Gespräch auf die öffentlichen Angelegenheiten kam, wahrhaftig! dann war ich in meinem schönsten Fahrwasser. Dann trennte mich jedesmal Zugeknöpftheit von den andern, dann legte ich mein Gesicht in Falten, die sich wie Schlagbäume der Neugier entgegenstemmten. Statt des mir sonst gewohnten Wortschwalls ließ ich nur mehr ein paar einsilbige Brocken fallen, und jedem, wirklich jedem mußte es deutlich werden, daß ein Mann wie ich ohne Zudringlichkeit unmöglich auszuholen war.

Ich wurde in Sizilien geboren und erwarb dort großes Ansehen. Ich trat in die Gesellschaft, und mein Magen stand an Güte keinem anderen bei Hofe oder in der Stadt nach. Die gute Eigenschaft erwarb mir den Ruf eines liebenswürdigen Menschen und verschaffte mir hochgestellte Freunde. Ich kam sozusagen kriegsmäßig vorwärts; zu Mittag und Abend aß ich immer mit gleicher Kraft; ich stand selbst im Verdacht, einigen Geist zu besitzen und ganz wie die andern den Frauen nachreden und den Ministern opponieren zu können, wenn ich nicht mit Zerlegen und Schlucken beschäftigt gewesen wäre.

Mein Magen wurde schwächer, und bald galt meine Gesellschaft weniger; aber was ich in puncto Kraft einbüßte, gewann ich in anderer Richtung zurück und gelangte durch die Feinheit meines Geschmacks zu Berühmtheit. In jedem Hause trat ich mit dem Hofmeister in Debatten. War ein Ragout schlecht, so wußte ich ihm den physischen Grund des Nichtgelingens anzugeben und auch warum es doch nicht ganz so schlecht wäre. War es gut, so pflegte ich ihm zu sagen, wie es noch besser hätte sein können; ich schlug ihn dann in allen seinen Winkelzügen und zwang ihn schließlich, mir beizustimmen. Kam ich mit den Tafelgenossen wieder, so wiederholte ich meine neuliche Rede oder wärmte irgendwelche alte Geschichte auf oder machte ein paar intime Bemerkungen. Ich hatte immer Gründe bereit für die geringe Anzahl liebenswürdiger Leute in gerade unseren Tagen; gern verglich ich die Genießer vergangener Zeiten mit denen der Gegenwart, fand jene stärker und die neuen fade geworden durch die Galanterie, klagte auch über die Erziehung, die von den Damensalons ausgegangen, und über die Verpönung der Kneipen.

Mein Genius war unzufrieden mit mir und ließ mich wieder Tier werden. Erst

gab er mir nur Eingeweide, und ich lebte als Raubtier; dann sollte ich Gras knabbern und kam als Pferd zur Welt. Mit sieben Jahren verließ ich die Weide und half einen Wagen in Ekbatanas Straßen ziehen. Bewundernswerte Einrichtung! Mein

Herr hatte vom Morgen bis zum Abend nichts zu tun, und ich kam um vor Ermüdung in seinem Dienst. Er ließ mich ein unglaubliches Tempo laufen, als hätte die ganze Stadt auf ihn gewartet, und jagte mich in gleicher Eile an einen anderen Ort, wo er genauso unnütz war. Alles stob vor mir davon, die Beiseitegesprungenen wußten kaum, wie ihnen geschehen, und mein Windbeutel amüsierte sich köstlich. Gab es Hindernisse, dann triumphierte er; gleich war er Herr des Platzes, und seine Stimme schallte, daß man nur ihn vernahm; wuchsen die Widerstände, so schwollen seine zornigen Flüche an, und hatte er sich Raum geschaffen, dann wußte er nicht mehr, wo er eigentlich hingewollt.

Mir blieb keine Hoffnung mehr, seinen Händen zu entrinnen, bevor ich ihm nicht zum Halsbruch verholfen hätte. Eines schönen Tages aber legten seine

Gläubiger Beschlag auf mich, und ein alter Wucherer nahm mich in Zahlung. Ach, wie sehnte ich mich nach der Tollheit des früheren Herrn, da ich nun mit der Umsicht des neuen zu schaffen hatte! Er hatte ausgerechnet, wieviel solch armes Tier wie ich nötig hätte, um nicht Hungers zu sterben, und ließ mich nun so schön fasten, daß ich jeden Tag für meinen letzten Fasttag ansah.

Einmal vernahm ich greulichen Lärm im Haus; der alte Geizkragen war dabei, gegen seine Bedienten zu toben, und brüllte derart, daß ihm die Stimme

schließlich ausblieb und er vergebens nach Worten für seine Wut suchte. Ich sprach bei mir: ›Glücklicher als der Kerl bin ich immer noch: meine Lage kann sich ändern, während sein Übel unheilbar ist; er ist sein eigener Feind, hält sich gefangen und wird sich niemals freigeben.‹

Er starb, und zu meinem Glück war sein Erbe ein verständiger Mann. Ein gewichtiger Beamter nämlich, der mich mit gleich kaltem Blut lenkte, ob er nun dorthin ging, wo er Recht sprach, oder zu einer alten Mätresse, die ihm gehörte. Alle Tage stand ich drei Stunden vor dem Tor der Alten, nie länger, nie kürzer, und dann sah ich meinen Herrn herunterkommen, ohne daß sein Haar, sein Rock, seine ganze übliche Toilette auch nur im geringsten in Unordnung gewesen wären. Ein kleiner Peitschenhieb meines Lenkers, und ich zog bedächtig an, gelangte ebenso bedächtig heim und war meines

Weges so sicher, daß meine wahre Blindheit niemandem auffiel. Mein Herr, meine Herrin und ich selber, alle drei starben wir fast gleichzeitig, und ein alter Kutscher dazu. Ein anderes Ereignis schien unsere Todesstunde vorher verkündigt zu haben. Die Kutsche, die ich so lange gezogen hatte, war gegen einen Stein gefahren und entzweigegangen.

Ich habe dir mit um so größerem Zutrauen all diese Geschichten erzählt, Ayesda, als ich bei deinem vernünftigen Sinn keinen Zweifel an dem ihnen zugrunde liegenden Dogma vorauszusetzen brauche. Das höchste Wesen hat genauso von Anbeginn alles Geistige hervorgebracht wie alles Stoffliche. Ein großer Wirkender wie er hat von Anbeginn alles geschaffen, was sich am nächsten Tage zum Schaffen aufgedrängt hätte; die Zeit, eine andere Zeit, ist für seine Geschöpfe da und nicht für ihn.

Er hat die Materie hervorgebracht, um sie, wann er will, mit seinen Seelen zu vereinigen, aber keineswegs schafft er jede Seele, um sie mit jeder neuen Stoffanordnung zu vereinigen; sonst müßte man ihn ja abhängig nennen von einer launischen und seinen eigenen Willensäußerungen oft entgegengesetzten Handlungsweise.

Wenn er also von Anbeginn alle Seelen geschaffen hat, so tat er es nicht, um sie in Reserve zu halten, sondern um Gebrauch von ihnen zu machen und sie auf all die Posten zu stellen, die er ihnen im Universum zugedacht hat.

# DRITTES BUCH

Ich gestehe dir, ich war baß erstaunt, als ich zum ersten Mal Frau war, und was mich dabei noch mehr betroffen machte: ich begann als Frau von fünfundzwanzig Jahren. Eine andere dieses Alters hatte ihren Geist verloren, und da mein Genius meiner Seele auferlegte, die ihrige zu ersetzen, mußte ich in jenen Körper fahren. Ich war in einem Zustand der Mattigkeit, aber allmählich kehrten meine Kräfte wieder, und ich fühlte mich neu belebt beim Anblick einiger Bänder und eines Spiegels, die ich auf einem Toilettentisch sah. Ein junger Mann, der gekommen war, mir seine langgehegte Liebe zu beteuern, und sie mir sogar durch gewisse Freiheiten beweisen wollte, auf die er ein Gewohnheitsrecht bei mir zu haben behauptete, machte mir so viel Vergnügen, daß ich niemals entzückter gewesen bin.

Offen gestanden dauerte es nicht lange, bis mir die neue Rolle, die ich zu spielen hatte, Verlegenheiten schuf. Kaum hatte

ich meinen Mechanismus zwei Tage beseelt, so hörte ich sagen, ich sei seit langem mit der ganzen Nachbarschaft verzankt; ich hatte anzüglich über einige Frauen geredet und hatte üble Geschichten mit anderen gehabt; auch schwuren zwei Männer, sie würden sich an mir rächen und mich beschimpfen, wo immer sie mich träfen.

Mein Gatte kam vom Lande zurück, und ich sah gleich an seiner bekümmerten und verärgerten Miene, daß ich einiges auf dem Kerbholz hatte. Zu allem Unglück fand er in der Tasche eines Kleides, um dessen Besitz ich nicht wußte, Briefe, die nicht auf meine Rechnung kamen; sie erzählten ihm Dinge, die mir unbekannt waren und die besser auch ihm unbekannt geblieben wären. Nun begann er mit mir merkwürdige Untersuchungsverhöre. Wie er meine Antworten vernahm, verlor er den Kopf, und freilich waren sie auch für eine solche Sache sehr wenig zufriedenstellend. »Möglich, Herr Gemahl, aber ich erinnere mich nicht ... Mein lieber Freund, wenn das so ist, weiß ich nicht, wie es kommen konnte ... Mir fehlt jede Antwort, aber das hätte ich nie von mir gedacht.« Schließlich ermüdete ihn seine eigene üble Laune, worauf sich unser Verhältnis wieder herstellte; er nahm sein altes Betragen an, fand aber das meine neu; es war ihm unfaßlich, wo die ewige Verneinung geblieben sein könnte, die sonst alle meine Sätze einleitete, und noch unfaßlicher, wie es nur möglich wäre, daß ich nun dasselbe Ding einen ganzen Satz lang zu wollen vermochte. Noch viel mehr brachte ich ihn außer Fassung, als ich ihn zu lieben begann. Es war ihm so ungewohnt, in seinem Hause von Gefühlen sprechen zu hören, daß er immer an Fopperei von meiner Seite glaubte; auch mußte er zu

seinem Unglück seine Frau lieben, als sie solche Liebe gar nicht verdiente, und aufhören sie zu lieben, als sie ihrer würdig war.

Das entschleiert dir vieles, lieber Ayesda. Wenn du Leute siehst, deren Wesen mit eben ihrem Wesen ganz unvereinbar ist, laß sie aus zwei Seelen bestehen, und du wirst nicht mehr überrascht sein.

Ich kam bei den Negern Afrikas zur Welt. Mit sieben Jahren erlitt ich den be-

kannten grausamen Eingriff, der alle Hoffnung raubt, wurde verkauft und mußte im Orient im Palast eines großen Herrn dienen. Dort war es, wo ich als Sklave unbeugsamer Gesetze, zu ständiger Ausübung meiner verhaßten Pflicht unter Schlägen und Drohungen gezwungen, mein Herz zu verbergen lernte; dort auch mußte ich mitten unter den erlesensten Schönheiten leben und wagte mir kaum selber einzugestehen, daß diese Anbetungswürdigkeiten mich noch bewegten. Es gehörte mit zu meiner Pflicht, den Anschein der Unempfindlichkeit an den Tag zu legen, der mir völlig verbliebenen sinnlichen Regungen unbewußt zu scheinen und meine Verzweiflung und mein Sehnen tief zu verheimlichen.

Stufe um Stufe erklomm ich den Rang des ersten Eunuchen, hatte die ganzen Frauenzimmer vor mir, erblickte ihre Schätze verschwenderisch ausgebreitet,

bis mir gar nichts verborgen blieb, war Zeuge ihrer heimlichsten Augenblicke, sah sie in all und jeden Lagen. Und war nur um so verzweifelter und fühlte mich von der Scham selber verachtet in meiner Unfähigkeit, sie zu erschrecken, und lebte in wirrer Erregung und ohne Glücksgefühl.

Längst hatte mein Herz unter all diesen Weibern gewählt. Eine – doch entglitt mir mein Geheimnis nie –, eine vermochte mich zu bezaubern. Um ihr gefällig zu sein, mußte ich ihre Schönheit ihrem und meinem Herrn rühmen, wobei ich fühlte, wie mein Herz zerriß. Pflichtgemäß mußte ich sie in die Arme des Herrn führen, und wie ich sie nun in ihrem leidenschaftlichen Eifer vor mir her fliegen sah, ohne Empfindung dafür, daß ich sie geleitete, und wie ich sie auf dem gräßlichen Lager ihre Liebeswonnen flüstern hörte, da litt ich eine tausend Tode an Grausamkeit übertreffende Folterqual.

Ich pflegte sie aus dem Bett zu holen, um sie ins Badegemach zu führen. Ihr Götter! Dann redete sie nur von ihren Entzückungen.

Meine Liebe entrüstete, meine Eifersucht verschärfte sich. Ich fand keine andere Freude mehr, als ihr das Herz zu rauben, das sie so eitel machte. Allmählich rückte ich sie aus der Sehweite des Herrn. Immerfort ließ ich neue Rivalinnen erstehen. Jeder Tag sah die Favoritin sinken, und schließlich sank sie in Vergessenheit. Ich sorgte dafür, daß ihre Klagen, Bitten, Tränen unbeachtet blieben. Dennoch war ich so unglücklich wie zuvor, und wenn ich mich nach dem Warum meiner großen Bemühung fragte und ob ich nicht der gleiche Mensch geblieben sei, den die Liebe verwerfe, den sein Zustand unselig mache und dem die Verachtung aller zur Liebe Befähigten bestimmt sei, so wußte ich mir keinerlei Antwort, und meine traurigen Erfolge und falschen Freuden schwanden vor mir hin.

Wie oft im Lauf meiner Intrigen war mein Herz weich geworden! Wenn ich sie die Hand erkennen sah, die sie niederzog, wenn sie mir ihr Leid malte, ihre Tränen anvertraute und alles von ihrer Hilfe erhoffte, dann trieb mein unschlüssiger Geist sein Werk planlos weiter oder ließ es stocken, und ich schwankte zwischen Eifersucht und Mitleid.

Ein letzter Funke Vernunft erleuchtete mich. Ich suchte ein Feuer zu löschen, dem die natürliche Kraft fehlte, und begann meine Stellung auszukosten und den Vorteil des Befehlendürfens, worin die einzige Freude des ungeliebten Menschen besteht.

Ich betrachtete die ganzen Frauen und gewöhnte mich allmählich daran, keine einzelne mehr im Schwarm zu unterscheiden. Gewöhnte mich, mit ihrem Geschlecht zusammenzuleben und nicht mit ihren Persönlichkeiten; mit ihren Launen, ihren Listen, ihrer falschen Unterwürfigkeit und ihren Tränen zu spielen; ihre fruchtlosen Bemühungen zu beobachten und ihnen zuzusehen, wenn sie ihre Ketten hinnahmen und wenn sie ihrer offenbar müde wurden.

Ich häufte die Vorschriften, vermehrte die Pflichten; alle waren sie schuldig oder fürchteten, es zu sein. Ich drohte selten und verzieh niemals. Ich wandte Strafen aller Art an, selbst solche, die eine äußerste Demütigung in sich schließen und die Betroffenen sozusagen ins Kindesalter zurückstoßen.

Vom Geist meines Herrn nahm ich festeren Besitz; mir allein stand sein Ohr offen, ich stachelte seine natürliche

Strenge, stellte mich zwischen ihn und die übrigen Sklaven, stellte die übrigen Sklaven zwischen seine Frauen und mich.

Welch traurige Wirkung einer ohnmächtigen Liebe! Die ich angebetet hatte, sah mich erst recht grausam, und da sie mich meine Lage besonders lebhaft empfinden ließ, da ihre Verachtung mir besonders unerträglich war, so empfand ich auch eine besonders feine Genugtuung, wenn ich sie zur Verzweiflung brachte. Ein neues, aus Verzweiflung, Liebe und Haß gemischtes Gefühl trieb mich, die Rache für meinen Zustand bei ihr zu suchen, die ihn soviel unseliger gemacht hatte.

Ich liebte es, sie in meiner Gegenwart erbleichen, von meinen Blicken abhängen zu sehen, sie Furcht oder Sicherheit aus den Regungen meines Antlitzes schöpfen, sie nach dem Belieben meiner Willkür schwanken zu lassen und sie einzig von dem erfüllt zu wissen, was mir mißfallen oder mich beruhigen könnte.

Ich liebte es, sie in solchen Augenblikken zu sehen, wo sie unter Bitten und Entschuldigungen, Versprechen und Tränen, Schweigen und Seufzen um meine Nachsicht rang, verwirrt und ungewiß zwischen Gnade und Strafe.

Ich liebte es, sie in solch ewiger Demütigung zu sehen, unfähig aller Gedanken, die sie nicht ihre Sklaverei erkennen ließen, zum Neid herabgezwungen auf das Schicksal all ihrer Rivalinnen, ja vielleicht auf meines.

Doch Freuden, die aus der Verzweiflung fließen, führen auch immer zu ihr zurück. So lebte mein Kummer wieder auf und mußte sich noch quälender fühlbar machen, da ich ja fortwährend einen glücklichen Mann vor Augen hatte.

Ich sprach zu mir selber: ›Die ganzen Sklaven, die Frauen und ich, wir sind doch nur Diener für die Lüste eines einzelnen. Ihnen Sicherheit zu schaffen, hat mich eine barbarische Hand in meinen gegenwärtigen Zustand versetzt. Ich leide Qual, damit er ruhiger sein kann; er schwimmt in Wonnen, er häuft Genuß auf Genuß – und ich, ich bin so weit ab von allem Besitz, daß ich keine Vorstellung fassen kann, die ich nicht eitel, kein Verlangen, das ich nicht sofort trügerisch fände.‹

Mein Genius wollte mir eine große Lehre erteilen und ließ meine Seele ihren Wohnsitz ändern. Jetzt beseelte ich den Leib meines Herrn, und seine Seele beseelte meinen Körper. Doch gestehe ich, mich kaum glücklicher gefühlt zu haben, da ich nun alles besaß, als damals in meiner völligen Armut.

Krankheit, Mattigkeit und Unlust lasteten auf mir. Die Gegenwart einer Frau verhieß mir nur eine noch größere Schwäche. Was soll ich dir von all den Liebesunternehmungen sagen, die ich ohnmächtig begann und beschloß? Unseliges raffiniertestes Reizmittel der Sinne! Blöde Anspannung all ihrer vereinten Bemühungen! Befremdliche Lage, dem höchsten Glück so nahe zu sein, ohne es erhoffen zu können!

Ich sah die einstmals Angebetete wieder. Hätte man mir damals gesagt, es werde ein Tag kommen, wo ihre Schönheit mir nicht mehr die Seele rühren würde, nie hätte ich's geglaubt. Hätte meine Seele damals voraussehen können, daß die Götter das gräßliche, von Barbarenhand vor ihre Seligkeit gestellte Hindernis forträumen würden, so hätte sie eine Freude empfunden, wie sie ihr nie zuteil geworden. Jetzt aber fand nichts von allem den Weg zu meinem Herzen, nicht die Nähe noch die Blicke, noch die Liebkosungen des allerschönsten Weibes.

Ich überließ mich ihren Armen, ich fühlte nur Empörung über die eigene Mattheit und hatte allen Anlaß, deutlich einzusehen, daß höchste Lust nur bei gemäßigter Lust zu gewinnen ist.

Gern hätte ich der Seele meines Herrn einen Teil des Kummers vergolten, den er mich hatte leiden lassen, doch hielt mich ein bißchen Zärtlichkeit für meinen alten Körper zurück.

Eine neue Wandlung versetzte mich unter das schöne Geschlecht. Ich stammte von der Insel Zypern, und ein großer Herr heiratete mich. Vor allem begann er damit, sein Gut zu verzehren; wie, könnte ich nicht sagen, denn er war ruiniert, ehe sich einer dessen versah. In solcher Notlage bediente ich mich der Hilfsmittel, die einer Frau aus dem Zutritt bei Hofe erwachsen können. Ich mischte mich in die Angelegenheiten derer, die das Schicksal aus der Gunst des Fürsten verdrängt hatte. Ich war mit Günstlingen und Ministern bekannt und sprach sie oft; und um dir diese Sorte Menschen zu charakterisieren: sie waren in ihrer Eitelkeit geschmeichelt, wenn sie den Männern etwas Peinliches sagen konnten, und ebenso geschmeichelt, wenn sie den Frauen Höflichkeiten versetzten; den Männern wollten sie ihre Größe vor Augen führen und uns ihre Liebenswürdigkeit zeigen. Um auf mich zurückzu-

kommen: ich liebte zu bitten, aber zu erhalten liebte ich auch. Was man mir auch entgegenhielt, nichts brachte mich von meinem Wege ab, und stellte man mir Gründe vor, war ich doch nicht so gänzlich dumm, sie durchaus verstehen zu wollen. Im Gegenteil, wer sich arg angestrengt hatte, mir die Unmöglichkeit der erbetenen Sache zu erklären, war dann ganz erstaunt, mich wieder darum bitten zu hören. Sprach man mir von Grundsätzen und Regeln, sprach ich von Schicklichkeiten und Rücksichten, und hatte man die Geschichte eben beispiellos genannt, so konnte ich mich nicht von meinem Erstaunen darüber erholen, daß man kein Beispiel um meinetwillen aufstellen wollte.

Derart arbeitete ich an der Verbesserung staatsmännischer Pedanterie, und was wäre auch ohne das aus uns geworden? Nimm als sicher an: eine Frau, die nur Frau ist, ruiniert ihren Gatten durch ihre Ausgaben, wenn sie ihn nicht durch ihre Sitten ruiniert, wohingegen eine andere, die sich zu drehen weiß, ein Haus durch ihre Sitten wieder herstellt, das sie durch ihre Ausgaben zugrunde richten würde.

Ich schließe eine Bemerkung an, lieber Ayesda, die du vielleicht für eine Abschweifung hältst: es ist nicht zu verwundern, daß so viele Leute der Fortuna nachlaufen; es gibt ja doch ganz wenige Menschen, die sich mit gutem Grund von ihrer Gunst ausgeschlossen glauben müssen. Du bist mit Frechheit zur Welt gekommen? Um so besser! Nur ein Sprung, und du gelangst zur Gewichtigkeit; schwinge dich von ihr aus zur Schamlosigkeit empor, und du kommst ans Ziel. Du bist mit Dummheit geboren? Da bist du gut daran, sie werden dich auf einen großen Posten stellen, damit du nur die Schauseite bildest, während der eigentliche Raum immer frei bleibt. Redest du töricht unüberlegt daher? Welch ein Glück für dich! Dadurch gefällst du der halben Gesellschaft und sicherlich mehr als drei Vierteln ihrer anderen Hälfte. Macht dein Stumpfsein dich schweigsam? Gut so! Es macht dich für die Maske eines besonnenen Mannes geeignet. Nur zu! Auf den Weg! Kein Pfad wäre aufzufinden, den Fortunas Söhne nicht vor uns schon eingeschlagen hätten.

In der Folge war ich einmal ein bildhübsches Geschöpf. Noch wußte ich nicht, was Liebe war, und suchte sie schon einzuflößen. Mit zwölf Jahren

machte ich mir verliebte Vorstellungen, mit dreizehn ließ ich mich verführen. Schon pflegte ich zu gewähren, was ich verweigerte, zu beeilen, was ich hinauszögerte, zu versprechen, was ich forderte. Aus einer Unschuld wurde ich zum schüchternen Mädchen, ließ mir Mut zusprechen, und alles lief auf ein recht verwegenes Verhalten hinaus. Nach fünfzehn abenteuerlichen Jahren in Athen, deren Bericht zu lang wäre, ging ich nach Ephesos und trat dort während dreier Monate so bescheiden auf, daß mich ein junger Mann beschwor, ihn zu heiraten. Ich bettelte seiner Ungeduld vierzehn Tage ab, die ich zur Vorbereitung meiner Jungfräulichkeit brauchte. Sie mißglückte ziemlich, ich hatte aber das Glück, meinen Gatten zu überraschen, ohne ihm Mißtrauen einzuflößen. Nach Kühlung seiner ersten Glut wurde ihm seine Armut empfindlich, und er gestattete mir, fortan seine Geschäfte zu leiten. Ich nahm also meinen früheren Lebenswandel wieder auf, war aber wenig angesehen, da ich bisher nur erst bürgerliche Liebhaber besessen hatte; dann aber hatte ich das Glück, einem hohen Herrn und später einem reichen Manne zu gefallen; nun war ich plötzlich Mode, und alle wollten mich haben, worauf ich mich dann wichtig machte, mir ein bedeutendes Ansehen gab und alle Tage ein bedeutenderes und um so teurer wurde, je mehr ich im Wert sank.

Als mein Vermögen beisammen war, glaubte ich nur noch des Vergnügens halber lieben zu sollen. Doch verlegte ich mich hierauf so spät, daß ich kaum noch hätte behaupten können, es geschehe auch zum Vergnügen meiner Partner. Den Titel einer Schönheit unterließ ich nicht zu führen. Mit sechzig Jahren trat ich noch wie eine Nymphe auf. Da ich so große Befriedigung und so völlige Unkenntnis meiner Verblühtheit an den Tag legte, fuhr man mir gegenüber in den alten Komplimenten fort, und da ich den

Augenblick nicht wußte, wo man aufhörte, mir die Wahrheit, und anfing, mir Lügen zu sagen, so blieb ich dabei, mich immerfort liebenswert zu glauben. Schließlich verhielten sich meine Liebhaber so hochmütig zu mir und gaunerten mir so viel Geld ab, daß sie mir die Augen öffneten und mich ein Geheimnis kennen lehrten, dem ich von mir aus nie auf die Spur gekommen wäre. Mein Glück ließ mich die Unvermeidbarkeit des Alterns fast erst gleichzeitig mit der des Sterbens kennenlernen.

Ayesda, ich bin so oft Weib und so oft Mann gewesen, daß ich genauer als Tiresias anzugeben vermag, bei welchem der beiden Geschlechter der Vorteil liegt. Ich kenne beider Stärke und Schwäche aufs Haar. Ich will dir nur sagen, als Frau bildete ich mir immer ein, ich sei auf der Welt, um das Glück aller Männer in meinem Gesichtskreis auszumachen; ich glaubte die ganze Natur zu beleben und ringsum alles zu beeinflussen. Kurzum, ich meinte, die Götter hätten all ihre Schätze und all ihre Vollkommenheiten hinter meine Bettvorhänge gelegt. Zugleich mit der geteilten Wonne genoß ich die ungeteilt selbstherrliche, die man der Eitelkeit verdankt.

Wieder war ich Frau, fand viel Anerkennung und hatte so viele Abenteuer und fiel derart auf, daß die vordem ganz obskure Familie meines Gatten bekannt zu werden begann. Ich kann nicht sagen, daß ich meinem Gatten die öffentliche Achtung verschafft hätte, nein, nur eine Art von Ansehen, die ich nicht recht zu definieren weiß, da sie dem Ansehen selber entgegengesetzt zu sein scheint. Meine Mutter, die mich sehr lieb hatte, sagte mir immer: »Laß sie nur reden, liebe Tochter, und präge dir nur fest ein, daß es hier unten nichts Schlimmeres gibt als Dunkelheit; ihr mußt du entgehen, und kann man ihr nicht durch Tugenden entrinnen, so muß man es auf dem Wege des Lasters tun oder wenigstens durch gewisse Lächerlichkeiten. Glaube mir, es bedeutet die tiefste Stufe der Niedrigkeit, zu einer Familie zu gehören, wo niemand auch nur die Auszeichnung der öffentlichen Verachtung zu erhalten gewußt hat.«

Wieder in einem anderen Leben gehörte ich einem Geldmann an. Das heißt, ich gehörte ihm, nachdem ich vielen anderen gehört hatte. Der Mann, dem aller Gesellschaftsschliff fehlte, fragte mich gleich aufs gröbste und glatteste, ob ich im Besitz ... er wollte von jener Blüte sprechen, die das Volk immer sucht und der Gebildete immer voraussetzt. – »Herr Kommerzienrat«, sagte ich ihm, »mir fehlt jedes Wort der Erwiderung auf Ihre Frage. Aber, bitte, bitte bemerken Sie mein tiefes Erröten. Ein Mann von Ihrer Liebenswürdigkeit verdient es wahrlich, die erste und letzte Gunst einer Frau zu erhalten, aber Ihre Zweifel beleidigen mich derart, daß ich – liebte ich Sie nicht – Ihnen wohl alle Geschenke zurücksenden müßte, die Sie mir gemacht haben, und auch unerbittlich sein müßte allen weiteren gegenüber, die Sie mir noch zu machen gedenken. Als Zeichen einer schönen Leidenschaft habe ich sie angenommen und hierzu meinen sonstigen Grundsätzen viel Gewalt antun müssen. Ich habe mein eigenes Empfinden im Punkte des Edelmuts aufgegeben, um all den Ihren um so leuchtender hervortreten zu lassen; hätte ich anders gehandelt und Ihre Geschenke zurückgewiesen, so hätt ich mir den Schmerz erspart, solch eine harte Frage an mich richten zu lassen!« – Am Ende meiner Rede ließ ich ein paar Tränen rinnen, und mein Dicker glaubte ihnen. Er wünschte sich Glück dazu, die Klippe bedeutet zu haben, an der meine Tugend gescheitert war, und seine Eitelkeit steigerte seine Liebe derart, daß er mich mit Schätzen überhäufte. Ich wartete ruhig den Augenblick ab, wo ich ihm den Laufpaß zu geben hatte, den Augenblick also, wo er im Schenken nachließe. Als es soweit war, sah er mich vom Ende seiner Liebe überzeugt. Ich tat verärgert, beleidigt, überwarf mich mit ihm und nahm einen andern. Und zwar einen biederen Edelmann, der mich heiratete und den Mantel der Ehre über meine ganze Vergangenheit breitete. Bescheidenheit ist nicht gerade die Tugend selber, stellt sie aber vor, und du weißt ja, wie in alledem der Schein eine Hauptrolle spielt. Ich zeigte Zurückhaltung, ergab mich erst nach schönen Weigerungen und hüllte meine Aufführung in alle nötige Dunkelheit. Mein Gatte starb nach fünfzehnjähriger Ehe und hinterließ mir großen Besitz. In meiner neuen Lage stellte ich eine Untersuchung meiner Reize an, fand sie beträchtlich verringert und hatte den guten Einfall, prüde zu werden. Die neue Wendung glückte, denn meine neuen

Liebhaber forderten nun nicht mehr Schönheit von mir, und wirklich war ich nicht mehr zum Schönsein verpflichtet, wo ich mich selber so gut aus dem Spiel gebracht hatte. Man brauchte nur noch von der gewissen Würde gereizt zu werden, die ich an den Tag legte, und der Art Respekt, den ich mir selber erwies und allen andern versagte. Du weißt, es kommt alles auf die Hemmungen an, deren Überwindung den Männern Spaß macht. Ob man bei einem jungen Frauenzimmer über die Widerstände der Unschuld und Erziehung triumphiert oder bei einer Prüden über die Widerstände der Vernunft und Schicklichkeit – ist es nicht immer das gleiche? Bei steigendem Alter vergnügte ich mich am Kult der Götter und hing mich an ihre Diener. So unangenehm wie unsere jungen Herren waren sie nicht, dafür aber wieder selbstgefällig und schwächlich, weniger zufrieden mit sich und unzufrieden mit uns. Wie sie mir verhaßt waren, die jungen Herren mit ihrer unverschämten Geschniegeltheit! Wie sie mir verhaßt waren mit ihren dummen Reden! Was soll ich noch sagen? Ich wurde blöde, und so spielte ich die einzige wahre Rolle meines Lebens.

Meine Seele war in all diesen Lebensläufen derart mitgenommen worden, daß sie nur noch dazu taugte, den Organen einer Frau Bewegung zu verleihen. So fand ich denn auch in den folgenden Wandlungen eine unfaßliche Charakterschwäche in mir.

Im ersten Lebenslauf galt ich für schön, aber ungemein fad. Ich pflegte

Haar und Teint über die Maßen und hing sehr an meinem Gesicht. Ich hatte zierliche Gesten und gewisse Manieren; mein Gang und mein Auge zeichneten sich

durch etwas Schmachtendes aus; bei jeder Gelegenheit fiel ich in Ohnmacht, und Riechfläschchen mußten mir ständig ins Leben zurückhelfen. Alles flößte mir Furcht ein, und nur die Geistlichen gaben mir Sicherheit. Mein Leben bestand im Betrachtetwerden, und ich erschien fast nur dort, wo ich bestimmt darauf rechnen konnte. Den Frauen gegenüber kam es mir nie in den Sinn, Liebe zu schenken oder zu gewinnen; von ihnen bewundert zu werden hätte mir immer genügt. War ich mit einer von ihnen zusammen, so sollen wir ein sehr eigentümliches Schauspiel geboten haben: nie hätte man uns für Liebesleute gehalten, viel eher dagegen für zwei Nebenbuhler; es war ein Streit, bei dem keiner anzugreifen suchte, bei dem beide Teile sich offenbar nur verteidigten, bei dem die zwei Ringer die Kampfgesetze nicht vereinbart zu haben schienen.

Ich erzählte dir eben von einem Leben, in dem ich im eigentlichen Sinn gar nichts gewesen. Nun zu einem, worin ich vielleicht etwas mehr war. Manche Leute hielten mich für einen Gecken; außer meinem Gesicht, meinen Equipagen und Kleidern bewunderte ich auch sehr meinen Geist; dies letzte Stück setzte mich besonders ins Unrecht und machte mich noch unangenehmer.

Merke dir an, daß ich in den beiden letztgenannten Wandlungen über ein ziemlich gutartiges Wesen verfügte; und

wie hätte ich auch bösartig sein sollen? Wer sich selber unaufhörlich bewundert, kann gegen niemanden erzürnt sein.

Ich kam in Athen zur Welt, noch einmal mit der Bestimmung zum schönen

Mann. Die der Geburt des Stutzers vorstehenden Grazien fanden sich an meiner Wiege ein: Frechheit nämlich, Narrheit und Verachtung der löblichen Dinge. Mit fünfzehn Jahren spielte ich den Distinguierten, was mir recht gut gelang. Danach glaubte ich, den Geistreichen darstellen zu müssen, was mir noch besser lag. Die ganze Schwierigkeit lag in der Rolle des Reichen, und hierzu, meinte ich, hätten mir die Frauen zu verhelfen. Fünf oder sechs Bänder jedoch, die sie mir schenkten, kosteten mich mein bißchen Vermögen. Daraufhin fielen alle Freunde von mir ab. Ich aber begann zu spielen und gewann mein Vermögen und meine Freunde zurück.

Indessen verlor ich die Haare, die Frische der Gesichtszüge, die Schlankheit des Wuchses. Nun glaubte ich mich bei den Frauen verloren. Allein der Ruf meiner einstigen Liebenswürdigkeit und früheren Liebeserfolge kam mir bei einigen Damen zu Hilfe und schien mir mein altes Gesicht wiederzugeben. Auch behielt

ich meine ursprüngliche Art bei, trat immer selbstbewußt und ohne leiseste Unsicherheit auf. Man erzählte sich Geschichten von meinen Abenteuern, die für mich sprachen. Lange freilich pflegte die Bezauberung einer Frau nicht anzuhalten, und hatte sie den Boden nur erst gründlich kennengelernt, so fand sie weniger Genuß an meinem Anschen als Freude daran, einen neuen Mann zu Ansehen zu bringen.

Mein Genius sah, daß er mich dreimal verpfuscht hatte, und er hielt es für aussichtslos, einen Mann aus mir zu machen. So wurde ich also noch einmal in den Organismus eines Weibes gesteckt.

Ich heiratete in Mazedonien. Der König erklärte einem Nachbarn den Krieg, unsere Männer marschierten, und wir meinten schicklichkeitshalber uns betrüben zu müssen. Mancher sprach: »Wahrhaftig, die haben Männer nötig gehabt! Aber die jetzt im Kriege Zurückersehnten, wie konnten sie nur im Frieden so langweilig sein?« Ich weiß aber genau: den ich zurückersehnte, der pflegte mich nicht zu langweilen. Das war ein bildhübscher Junge, Neffe meines alten Gemahls, den ich schon die Erbschaft seines Oheims hatte antreten lassen, denn der gute Mann genoß seinen Schatz nur sehr wenig. Der Kleine hatte beim Ausmarsch einen Abschied von mir genommen, wie er zur Erweckung der Sehnsucht gar nicht geeigneter sein konnte. Denke dir meine Betrübnis, zumal wo man doch gutherzig ist! Mein Gatte kehrte heim, der Jüngling aber war noch nicht wieder da. Armer Junge, er hatte soviel ausgestanden! Dann kehrte die Freude wieder in unserem Hause ein, und mein Gemahl, der meine

Trauer für Kälte genommen hatte, nahm meine Munterkeit für eine eheliche Glut. Nun wollte er seine Zärtlichkeiten verdoppeln; aber glaube mir, was ist, das ist

nun einmal, und hätten die Männer nicht jene Eitelkeit oder Dummheit, die ihnen Selbstbelügungen oder Täuschungen von anderer Seite eintragen, so wären sie recht unglücklich.

Bei jeder Geschichte, die ich dir, lieber Ayesda, erzähle, versetze ich mich so ganz in die einst durchlebte Lage, daß ich mich noch in ihr zu befinden glaube. Nur mit großer Schwierigkeit vermögen wir uns in unseren Wandlungen ganz von unsern ursprünglichen Lebensformen loszulösen.

Ich könnte mich in all meinen Lebensläufen mit jenen Insekten vergleichen, die mehrmals zu entstehen und zu sterben scheinen, während sie doch nur ihre Hüllen nacheinander abstreifen.

Wieder zählte ich zum schönen Geschlecht, hatte ein leidliches Gesicht und wäre unter die Haube gekommen ohne den einen Fehler, das allerextravaganteste

Geschöpf zu sein. Mochte ich auch der Diana Weidenkörbchen weihen, um einen Mann von ihr zu erhalten: der Gatte kam und kam nicht. Zuletzt wandte ich mich an Venus, denn schließlich sollte es lieber von mir heißen, ich bliebe sitzen, weil ich unkeusch, nicht weil ich unschön sei. Ein sehr häßlicher Liebhaber traf es sehr gut mit mir. Er verliebte sich in mich, ich wurde seine Mätresse und mußte mit ihm zusammen leben, wobei ich fortwährend zwischen meiner generellen Liebe zu den Männern und meinem speziellen Haß gegen gerade diesen schwankte und meine Tage in einer Befriedigung ohne Geschmack daran und in lustloser Sättigung meiner Sinnlichkeit hinbrachte.

In einer neuen Wandlung war ich, ohne Verdienst bei der Sache, eine recht anständige Frau. Ich war gar nicht hübsch, und eines brachte mich den

Männern gegenüber zur Verzweiflung: ihre zweideutige Art, mir Liebenswürdigkeiten zu sagen; wußte ich doch niemals zu unterscheiden, ob ihre schönen Worte meinem Geschlecht oder mir persönlich galten, und das ging so weit, daß ich nach tausend Beteuerungen noch im unklaren blieb. Den Gipfel meiner Trostlosigkeit aber bedeutete es, daß die Gesellschaft mir all jene Abenteuer zuschrieb, über deren Unterbliebensein ich in ständiger Wut war.

Das brachte mich zu dem Entschluß, mich an meinen Gatten zu hängen. So machte ich ihn denn unglücklich vom Morgen bis zum Abend. Ich erwies ihm so viele Aufmerksamkeiten, daß ihm keine viertelstündige Pause vergönnt war, und trieb von meiner Seite den Ehebrauch so weit, daß er seinerseits unmöglich den wesentlichsten dieser Bräuche verabsäumen konnte.

Jetzt vernimm einen Lebenslauf, in dem ich der Gestalt des vorigen Lebens so völlig glich, daß mein Genius mich lachend meine eigene Schwester nannte. Mein Charakter war der einer recht guten Frau, ich hatte aber einen so scharfen und trockenen Stimmklang, daß niemand ein »guten Tag« von mir hören konnte, ohne zu der Annahme versucht zu sein, ich hätte ihm Beleidigungen sagen wollen. Ich entmutigte die Leute, mit mir zu reden. Wen meine Stimme rief, den stieß sie ab, und jedes meiner Worte untersuchte man vor allem darauf, ob es nicht böse gemeint sein könnte. Das trug mir oft etwas harte Antworten ein, und indem ich mich dann um Entschuldigungen bemühte, fühlte ich meinen Stimmklang ohne Absicht schärfer werden; so kam ein höchst seltsamer Streit zustande, worin meine unselige Fistelstimme den ganzen Mißmut der andern bekämpfen mußte.

Wie ich nun aber im Sprechen zu disputieren schien, so schien ich im Disputieren gleich Entscheidungen auszusprechen, und wahrhaftig wäre es mir sehr leichtgefallen, immer eine abweichende Meinung zu haben, da keiner jemals meiner Ansicht sein wollte. Da es sich nun so verhielt, kannst du dir denken, wie leicht ich mich lächerlich machte; und wie ich, einmal lächerlich geworden, es immer blieb und wie mich keiner davon befreien mochte. Meine Mutter, die sehr viel Geist besaß, meinte immer: »Ich kenne meine Tochter genau, sie hat ein sehr gutes Naturell, aber seien Sie gewiß, davon wird niemals einer etwas erfahren.«

# VIERTES BUCH

Heute vernimm von meinem Leben, in dem ich mich so viel und lange über mein Geschick beklagte, daß mein Genius die Geduld verlor, mir erschien und zu mir sprach: »Du liegst mir schon lange in den Ohren. Soll ich dich nach dem mir vom Schicksal verliehenen Können auf der Stelle in einen andern Menschen verwandeln?« – »Das kommt auf den Menschen an«, sagte ich ganz erstaunt. – »Also gut!

Willst du Achemenidas sein, der König deines Landes?« – »Ach, heiliger Genius, der ist so morsch, da hätt ich nicht zwei Monate zu leben!« – »Willst du der junge Kleon sein?« – »Nein, der ist gar zu dumm!« – »Willst du also Eukrates sein?« – »Das ist der lächerlichste aller Menschen!« – »Damasipp?« – »Erst recht nicht!« – »Dann also der reiche Demostrat?« – »Der ist so geizig«, erwiderte ich, »daß er sich selber verhungern läßt.« – »So nenne mir selber einen; aber gib acht auf deine Worte, denn ich werde dich erbarmungslos verwandeln.« – »Bitte, warte einen Augenblick!« sagte

ich. – »Der Philosoph Antisthenes?« – »Nein, das ist ein Griesgram!« – »Antisthenes, immerhin!« erwiderte der Genius, die Stimme erhebend. – »Eine Sekunde«, gab ich zurück, »laß mich noch weiter überlegen! Androclid ... doch seine Frau bringt ihn zum Rasen, nebenbei hat er die Gicht. Lysimachos ... er ist gar zu

langweilig, wenn er seine Gesandtschaft nach Theben erzählt ...«

Ich wußte nicht, was das besagen wollte; ich befand mich durchaus nicht in einem glücklichen Zustand, und dennoch vermochte ich nicht in den Wechsel meiner Persönlichkeit gegen irgendeine andere einzustimmen. ›Da steckt etwas dahinter!‹ sprach ich zu mir selber. Und nach reiflicher Erwägung entdeckte ich ein großes Geheimnis: daß nämlich die Götter jedem Menschen eine beherrschende Liebe zu seiner eigenen Persönlichkeit und zu der Lage des Nächsten verleihen und dadurch gerade die Welt lenken.

Die aus den erzählten Dingen fließenden Ideen haften nicht an den Bahnen meines Gehirns, lieber Ayesda, sondern stehen nach dem Willen der Götter unmittelbar vor meiner Seele; deshalb entsinne ich mich ihrer aufs trefflichste, während ich andrerseits das allerelendste Gedächtnis für die Sachen habe, die auf organischem Wege im gegenwärtigen Leben auf meinen Geist wirken.

Im folgenden Dasein vernachlässigte ich vollkommen meine Angelegenheiten, und, was dich interessieren wird, ich vernachlässigte sie um der öffentlichen Angelegenheiten willen. Du bildest dir vielleicht ein, ich sei Minister irgendeines Fürsten gewesen. Nein! und wäre ich's gewesen, hätte ich mir nicht soviel Kopfzerbrechen gemacht. Ich hatte nicht Rang noch Amt, wußte mich aber zu betätigen. Ich lebte in Ägypten als abgründiger Interessenkenner der verschiedenen die Be-

völkerung bildenden Stände. Ich studierte die Absichten der Fürsten, und keiner ihrer Pläne entging mir. Ohne endlose Erwägungen ging das nicht ab, wie du mir schon glauben kannst, ja es wurde in gewisser Hinsicht eine Herzensangelegenheit: denn da waren bestimmte Könige, für deren Blühen ich mein Leben geopfert hätte, und andere wieder gab es, für die ich einen jener immer irgendein Unheil drohenden Kometen bedeutete. Du solltest die Freuden kennen, die ich damals auskostete, wo ich in völliger Ruhe für mich selber meine Seele an das Schicksal der Könige gehängt hatte, denen ich statt soviel anderer guter Dinge nur dies eine hätte wünschen sollen: so glücklich sein zu dürfen wie ich.

Du findest vielleicht, Ayesda, ich sei in meinen verschiedenen Wandlungen reichlich oft lächerlich gewesen. Zugegeben, zum Teil wenigstens, wofern du nur folgende Erwägung mit mir anstellen magst: lächerlich ist bloß, was wider den Brauch eines jeden Landes verstößt, so wie lasterhaft ist, was gegen seine Sitten verstößt, und was dir also hier lächerlich vorkommt, war es vielleicht nicht ganz so sehr in den Ländern meiner früheren Lebenswege. Darauf will ich mich mit dir einigen.

Dann war ich ein armer Afrikaner, Häuptling eines kleinen wilden Stammes.

Ein Ägypter kam in unsere Gegend, und wir plauderten bisweilen, das heißt, er redete, und ich machte mir meine Gedanken. »Ihr seid sehr grausam«, sagte er mir eines Tages, »ihr eßt eure Kriegsgefangenen auf.« – »Und was tut ihr mit den euren?« entgegnete ich ihm. – »Ach, wir töten sie«, meinte er, »aber wenn sie tot sind, verzehren wir sie nicht.«

Ayesda, ich dachte, es verlohne sich nicht recht, sich um solcher Kleinigkeiten willen groß von uns zu unterscheiden, und ich dachte auch, man sollte uns unserer Grausamkeit halber für Wilde ansehen und nicht unserer Wildheit halber für grausam.

Was aber gewöhnlich auffällt, sind doch nur die Begleitumstände der Dinge; vor den Göttern macht die Handlung das Verbrechen aus, vor den Menschen die Art seiner Ausführung.

Eine andere Körperhülle fiel mir zu, und Schicksalswille machte mich zum Gatten der schönsten Frau in Sybaris. Alle Welt in der Stadt schien es auf sich genommen zu haben, ihr möglichste Dreistigkeit anzuerziehen, die sie indessen schon von sich aus reichlich besaß. Du hättest sehen sollen, mit welcher Kunst sie ihre Ungnädigkeiten für mich vorbereitete, wie sie die Beleidigungen würzte, die sie mich vorausahnen ließ, wie ich ihr jede Minute gutschreiben mußte, die sie so eine Kränkung hinauszögerte, wie sie sich brüstete mit meinen Qualen! So dumm vermeine ich in keiner meiner Wandlungen gewesen zu sein; endlich wurde ich ihrer Reize satt und mußte doch immer mitleiden unter ihrem Benehmen. Welch ein Schicksal, lieber Ayesda! Du darfst es glauben, nächst dem Unglück, ein Geliebtes zu verlieren, gibt es kein grausameres Mißgeschick, als immer nach Mitteln zur Bewahrung dessen suchen zu müssen, was man verachtet.

In einem späteren Dasein verdankte ich sehr armen Eltern das Leben und schien zuerst, wie man mir erzählt hat, ein bißchen blöde. Als ich aber mit fünfzehn Jahren das Glück hatte, durch eine Krankheit irrsinnig zu werden, entrann ich dem Elend und erhielt den ehrenvollen Posten eines Narren bei einem persischen Vasallenkönig. Der Fürst hatte mich sehr lieb; und obschon immer von ausnehmend vernünftigen Leuten umgeben, pflegte er dennoch seiner Würde halber allein mit mir zu sprechen, denn ich war wirklich närrisch und dennoch so weise, ihm niemals den Kopf einzuschlagen oder ihn zu erwürgen.

Ich habe so vielerlei zu erzählen, daß ich notgedrungen aufs flüchtigste über alles hingleiten muß, was sich vor mein geistiges Auge stellt. Du verlierst viel dabei, kannst aber gewiß sein, daß ich wider meinen Willen so verfahre.

Ich wurde in Ekbatana geboren, wurde verkauft und mußte im Palast eines großen Herren dienen. Ich war ein derart zerfahrener Wirrkopf, daß ich zu nichts auf der Welt fähig war. Als ich eines Tages meinem Herrn Sorbett servierte, bückte ich mich zu tief und ließ sechs Tassen fallen, die vor seinen Füßen zerbrachen. Ich wollte mich aufrichten, gab mir ein wenig zuviel Schwung nach hin-

ten und fiel rücklings, wobei ich einen Tisch mit einigen Gefäßen darauf mitriß. Darüber mußte mein Herr sehr lachen, und abends merkte ich an den Freundlichkeiten meiner Kameraden, daß ich in der Achtung des Hauses bedeutend gestiegen war. Seitdem behielt mich mein Herr immer lieb; er ließ mich einige Bücher Zoroasters abschreiben. War alles richtig, so sagte er mir nichts, schrieb ich aber eine Verdrehtheit, dann bemühte er sich, mir meine Torheit klarzumachen; er quälte sich, bis er mich überzeugt hatte;

er lachte und ließ mir zwei Tassen Sorbett reichen.

Ich fand mich recht schlecht mit den Aufträgen ab, die er mir erteilte; nie traf ich, was er mir seinen Frauen zu sagen aufgegeben hatte noch was ihre Antwort gewesen; derart daß nach vielem Kommen und Gehen schließlich doch er selber sich Klarheit holen mußte, wobei sich die Frauen dann sehr gut standen.

Ich war so dazu gemacht, vom Ernst des Gehorchens und Befehlens abzulenken, daß alle mich gern hatten, und selbst die Nebenweiber, die sich sonst unaufhörlich über alles andere in den Haaren lagen, waren, was mich anlangte, immer im Einvernehmen.

Als ich eines Tages krank lag, sah ich alle Frauen weinen, und mein Herr war so mißgestimmt, daß er um nichts und wieder nichts zweien seiner getreuesten Sklaven fünfzig Stockhiebe erteilen ließ und zwei zu ihrem Unglück gerade an jenem Tage bei ihm diensttuende Subalternoffiziere herunterputzte, bis sie sich verloren glaubten.

In einem andern Leben war mein Gesicht unförmlich und mein Körper mißgebildet. An sich kein großes Unglück, es wurde aber eines. Ich heiratete eine sehr hübsche Frau. Ich liebte sie, und eine Million Fehler vermochten sie in meinen Augen nicht unschön zu machen. Eines Tages überraschte ich sie und einen ihrer Liebhaber in flagranti: beide verharrten sie in steinernem Schweigen, und ich

auch. Als ich am nächsten Morgen den Mund zum Reden auftat, erklärte sie mir: »So sind Sie nun; einen einzigen Tag tut man Ihnen unrecht, und das genügt schon, Sie die Gefälligkeiten eines ganzen Lebens vergessen zu lassen. Wollen Sie mir nicht etwa noch einmal von der Kränkung reden, die Sie mir gestern angetan? Bedenken Sie, mein Herr Gemahl, es läge nur an Ihnen, mich für eine anbetungswürdige Gattin zu nehmen, wenn Sie bloß Verständnis hätten für mein gutes Verhalten. Seien Sie gewiß, es ist ein Nichts, was ich an Gunst zugestehe, im Vergleich zu dem, was ich täglich abschlage. In jedem Augenblick sind Sie der Angegriffene, aber von ein paar Schlappen abgesehen, bleibt Ihnen doch der Sieg.« – »Nitokris«, erwiderte ich ihr, »Ihre Worte sind mir immer noch hundertmal unerträglicher als Ihre Taten. Ihre Verfehlungen vermöchte ich Ihnen zu verzeihen, wie aber soll ich Nachsicht aufbringen für Ihre Rechtfertigungen?« – »Also gut«, sagte sie, »ich tat offenbar unrecht, so zu Ihnen zu reden, und sehe es nun als das Schicklichere an, Ihnen ganz harmlos den Grund Ihres Mißgeschicks einzugestehen. Mich hat Liebe ergriffen zu ...« – »Sie hat keine Liebe ergriffen«, fiel ich ein. »Sie besitzen zu viele Liebhaber, als daß die Ihnen so bedeutend besser gefallen könnten als ich. Gegen Ihre Eitelkeit stehe ich im Kampf und nicht gegen Ihre Neigung; gegen ein solches Übel gibt es

kein Mittel.« – Tausend heftige Entschlüsse kamen mir in den Sinn, aber meine Raserei war geringer als meine Verzweiflung, und von der Wut ging ich zur Schwäche über: ich verfiel in krankhafte Ermattung, meine Schmerzen nahmen täglich zu, nicht an Heftigkeit, sondern an Tiefe, und so schien meine Seele von sich aus zu sterben und zu verlöschen in diesem jammervollen Lebenslauf.

Susa erwarb an mir einen neuen Bürger. Mein Vater stammte aus Athen und stand den lieben langen Tag auf einer kleinen Bühne am Piräushafen, wo er zur Belustigung des Publikums Feuer schluckte und zu seinem Nutzen Zähne ausriß. Er bekam Athen übersatt, begab sich auf Reisen und drang bis zur Hauptstadt eines indischen Königreiches vor. Ein Rheuma des Königs verschaffte ihm eine Berufung in den Serail. Zum Glück für ihn hatte keine Königin Zahnschmerzen; die Folge davon war, daß er den Harem verlassen konnte, ohne Ursache zur Betrübnis erhalten zu haben. Er verheiratete sich, und ich kam zur Welt. Das Schicksal ließ mich als Zwerg, es ließ mich auch stumm geboren werden. Beide Eigenschaften in ihrer Vereinigung verschafften mir einen Platz beim König. Er bediente sich mir gegenüber ständig der Zeichensprache und lachte, wenn ich ihn verstand, und auch, wenn ich ihn nicht verstand. Er verwendete mich zur Erwürgung aller ihm mißliebigen Leute, und ich war so eingespielt, daß ich fast niemals meinen Mann verwechselte. Ich besaß einen Bruder von gleich winzigem Wuchs, von dem man aber nie viel Aufhebens machte, da er zu seinem Unglück hörte, was man zu ihm sprach, und in Worten ausdrückte, was er zu fassen vermochte. Indessen fügte es der Zufall, daß ich ein noch beträchtlicherer kleiner

Mann wurde, als ich vordem schon gewesen, und zwar so. Ein afrikanischer Eunuch erhielt in seiner Eigenschaft als häßlichster Mensch des Reiches den Titel eines Wächters der Jungfrauen und Obersten der schwarzen Eunuchen. Der hohe Posten war lange umstritten worden, er aber hatte ihn gewonnen, während ein anderer, der in den Wettbewerb zu treten gewagt, so wenig gegen ihn aufgekommen war, daß ihm nicht nur der Platz entging, sondern daß er sich auspfeifen lassen und ein jämmerlicher Serailgärtner bleiben mußte. Während nun der Wettstreit am heftigsten loderte, machte ich den König darauf aufmerksam, daß der neue Kämpe einen sehr weißen Zahn besaß und von weitem nicht so mißgebildet aussah wie in der Nähe. Dieser dem Obersten der Eunuchen von mir erwiesene Dienst blieb nicht unbelohnt; bildete er sich doch etwas darauf ein, niemals seine Kreaturen zu vergessen. Er nahm sich meines Schicksals an, ich gewann Einblick in alle Serailintrigen, und meine Zeichensprache formte Gesetze für das ganze Reich.

Jetzt will ich von einem Leben reden, in dem ich recht unglücklich war. Ich lebte als Arzt eines Kaisers von Indien; die Hofetikette verbot mir, ihn zu überleben. Am Tage seiner Bestattung mußte ich auf seinen Scheiterhaufen gehoben werden. Ich für mein Teil lebte in guter

Gesundheit, er aber war oft krank, und keine Woche verging ohne irgendeinen Schwächezustand des Herrschers, woran wir beide hätten sterben können. Ich sagte ihm immerfort, er verliere seine Gesundheit bei den Frauen, und er entgegnete mir kaltblütig, er wolle ebensogern auf das Leben selber wie auf das geringste Vergnügen verzichten. Den ganzen Tag lang tafelte er, und was besonders seltsam war: er verlangte, daß ich mich daran ergötze. Oh, ich war schön wütend, vor allem wenn er mit blassem Gesicht daherkam, sich vor mir seiner Ausschweifungen zu rühmen! Machte ich ihm aber Vorhaltungen, so sagte er: »Die Stunde unseres Todes steht dort oben geschrieben, wir könnten sie doch nicht hinauszögern.« – »Ich fürchte, Herr«, erwiderte ich, »all die Himmlischen werden nicht deinen Tod herbeiführen, aber du wirst dich töten!« – All das half nichts. Welch ein eigentümliches Geschöpf ist solch ein Mann, dem alle fünf Sinne immer wiederholt haben, er sei alles und die andern seien nichts. Der Kaiser glaubte, ich müßte mich sehr über seinen Tod ärgern und nicht im geringsten über meinen. Auch sprach ich ihm ja in all unsern gemeinsamen Gefahren niemals von mir. Beachte wohl, daß alles, was die Tyrannis an Bemühungen zu ihren Gunsten unternimmt, schließlich doch nie verfehlt, gegen sie selber auszuschlagen. In der letzten Krankheit meines Herrschers war ich so vor den Kopf geschlagen, daß ich nicht mehr wußte, was ich anfing, und ihn zweifelsohne zwei Monate zu früh den schweren Schritt tun ließ.

Nichts, womit ich mich nicht in den verschiedenen Lebensformen befaßt hätte. Vernimm von einer, worin ich ein Buch schrieb. Mein Werk hatte großen Erfolg, ich selber nicht. Ich war geistvoll, und vordem galt ich für allseitig brauchbar. Nachdem ich aber das Urteil des Publikums auf eine einzelne meiner Begabungen festgelegt hatte, galt ich für allseitig unbrauchbar.

Bis dahin war ich mit aller Welt gut Freund gewesen. Jetzt besaß ich bald zahllose Rivalen und Feinde, die mich nie gesehen hatten und die auch ich nie gesehen hatte. Unmöglich, mich mit der ganzen Sippschaft auszusöhnen.

Ich sollte an Gesellschaften teilnehmen und hatte das Amt, mich dort angenehm zu machen, was mir sehr betrüblich war. Niemals sollte ich eine Dummheit aussprechen, obschon doch meine ganze Umgebung, was das anlangt, sich Absonderliches leistete.

Sodann wiederum gab es Klatschbasen, die mich mieden, weil ich ein Schöngeist war. Dadurch wollten sie betonen, daß mein Wesen gekünstelt sei, das ihre hingegen natürlich, und daß sie ebenso geistreich hätten sein können wie ich, wenn sie nur gewollt hätten.

Manche sprachen mir die Urheberschaft des Buches ab; so dumm ist der Neid, daß er nicht begriff, wie er so gar nichts dabei gewann; denn wenn ich das Buch nicht geschrieben hatte, mußte es doch gewiß ein anderer getan haben.

Kurzum, das unselige Werk peinigte mich lebenslang; und ob man es lobte oder tadelte, immer war es mir zur Last.

Ich will dir keineswegs von all den andern Wandlungen reden, die ich durchgemacht habe, Ayesda. Du raubst die Zeit, die du mir zuzuhören gebrauchst, den öffentlichen Angelegenheiten, und ich meinerseits wüßte kaum meine Lebensläufe genau zu beschreiben, die doch sieben bis acht Reiche überdauert haben. Manches Jahrhundert ist verflossen seit damals, wo ich in Indien der Bursche eines Bonzen war, bis auf die gegenwärtige Umwandlung, wo ich in Tarent als armer Barbier lebe. Ich will dir nur sagen, daß diese gegenwärtige Gestaltung mir auch nicht ein bißchen gefällt. Ich habe eine Frau, die die Nase hochträgt und deren Unverfrorenheit für eine Königin auslangte. Sie bringt mich immerfort zum Rasen; sie hat mir vier Kinder geschenkt, an deren Hälfte und darüber ich mich unter meinem Eid für schuldlos erklären möchte.

Ich bin so unglücklich, daß die Götter in ihrer Gerechtigkeit kaum umhinkönnen, zur Entschädigung für mein heutiges Dasein mich bald als König eines Landes zur Welt kommen zu lassen. Trifft das ein und macht meine Seele ihren Weg, so verspreche ich dir, für dich zu sorgen, wenn du am Leben bist, oder zum mindesten für deine Nachkommen. Auch ist dies ja das einzige mir erreichbare Mittel zur Abzahlung des Geldes, das du mir großmütig geliehen hast. Zwar bin ich arm, Ayesda, tue mir aber doch etwas darauf zugute, ein Ehrenmann zu sein, und kommt die Gelegenheit, so darfst du auf mich zählen.

# LETZTES BUCH

*(Vorher ist eine Lücke im Manuskript)*

Gestern hast du meinen Erzählungen so aufmerksam gelauscht, liebster Ayesda, und ich meinerseits habe eine solche Neigung zu Leuten, die mir zuhören, daß ich dir unbedingt alles sagen und das Wunderbarste entschleiern muß.

Höre denn, daß vor etwa zweitausend Jahren mein Genius es aus Gott weiß welchen Gründen für angezeigt hielt, mich einfach in einen Luftkörper zu kleiden, derart daß ich fünfzig Jahre außerhalb der üblichen seeleneinkerkernden Kruste verbrachte.

Erst diente ich einem kleinen, höchst ausschweifenden Inkubus, der nächtlicherweile alle Schlafgemächer der Stadt abklapperte. Der arme kleine Gott mühte sich arg und quälte sich sehr ab; dennoch sah ich nicht, daß er vielen Spaß daran hatte. Jeden Morgen war er bei allerschlechtester Laune; was er nur immer gesehen hatte, alles reizte ihn zum Widerspruch, und er ließ es recht jämmerlich in der Erinnerung an sich vorüberziehen. Eines Tages klagte er mir den widerwärtigen Nachgeschmack einer Nacht bei einem Weibe, auf dessen Sternenschönheit alle Dichter der Stadt Eide leisteten. Da gedachte ich einiger alter Lehren, die ich einst in der Gesellschaft erfahren hatte, und sprach zu ihm: »Durchlaucht fangen es nicht richtig an. Sobald Sie von einer Frau sprechen hören, drängen Sie sich in ihr Bett; auf solche Weise können Sie sie nicht schön finden. Fangen Sie damit an, sie schön zu finden, und steigen Sie dann in ihr Bett.«

Während wir mit dem Alltäglichen beschäftigt waren, erreichte uns ein außergewöhnlicher Auftrag. Der Inkubus erhielt vom Olymp gemessenen Befehl, an der Zeugung eines Helden zu arbeiten. Er gehorchte murrend, denn wozu unterwarf man so vollkommen freiwillige Dinge einem absoluten Geheiß? Wir begannen überall eine Fürstin zu suchen, die zur Hervorbringung der von uns verlangten Menschenart geeignet sei: wir machten bei einer Szythenkönigin halt; sie lag auf einem Bärenfell und hatte ihren Köcher und ihren Bogen zu Häupten ihres Bettes. Die stolze Königin träumte von Kämpfen und einer Stadt mit blutgefärbten Mauern. Mein Herr schlüpfte in ihr Bett und verursachte ihr erst einmal ein Alpdrükken auf der Brust. Wir quälten sie dann die ganze Nacht, stellten uns aber so verkehrt an, daß wir nach vielen Mühen den Helden verfehlten und nur einen Tyrannen zeugten.

Du wirst mich vielleicht fragen, warum die Götter zur Bildung außergewöhnlicher Männer den Inkubus gebrauchen. Deshalb, weil die Helden zu Werkzeugen der himmlischen Rache bestimmt sind und bei menschlichem Ursprung nicht unerbittlich genug wären.

Ich wurde in eine indische Stadt geschickt, um einem orakelspendenden Genius zu dienen. Die Völkerschaften brachten unaufhörlich Gold und Silber in unser Heiligtum, und das stürzte meinen kleinen Gott in Verzweiflung: »Für mich Gold, für mich!« sagte er. »Sie halten mich also für sehr habgierig! Weißt du auch, was geschieht? Kommt ein tempelschänderischer Fürst, meine Schätze zu rauben, muß ich immer so tun, als vollzöge ich ein Wunder.« Und gleich begab er sich in seine Schallröhre und verkündete: »Beherzigt, ihr Sterblichen, ihr könnt den Göttern nicht eure Schätze weihen, ohne ihnen deutlich zu zeigen, wie sehr ihr eine Sache schätzet, deren Mißachtung sie von euch verlangen.«

Was mich an dem Genius entzückte, dem ich diente, war dies: er war weder zweideutig noch dunkel, sagte vielmehr alles, was er wußte, freiheraus. »Und was muß ich tun, um glücklich zu werden?« fragte ihn ein Flehender. – »Nichts, mein Freund«, antwortete er. – »Wie das, nichts?« – »Nichts, sag ich dir!« – »Du glaubst mich also glücklich?« – »Nein, ich meine im Gegenteil, du bist es im geringsten Maße.« – »Warum willst du mich also nicht daran arbeiten lassen, es zu werden?« – »Weil man es nur sein und nicht werden kann.«

Ich wurde ausgesandt, einem Genius namens Plutus zu dienen, der bei den

Griechen Gott des Reichtums ist. Da er mir ein freies Wort gestattete, sprach ich zu ihm: »Durchlaucht scheinen mir wenig auf das Verdienst der einzelnen zu achten. Sie gewähren und verweigern grundlos. Kein Handwerk ist leichter auszuüben als das Ihre: es kostet Sie im Lauf des Tages keine Viertelstunde Überlegens.« – »Mein Freund«, gab er zurück, »ich stehe den Reichtümern vor, und Fortuna verteilt die Würden. Wir schenken ohne Wahl und Rücksicht, da es sich um Dinge handelt, die nicht das Glück der Empfänger auszumachen vermögen.« – »Und warum das?« antwortete ich. – »Weil Jupiter nicht die Seligkeit in Dinge hat legen wollen, die nicht jedermann besitzen kann. Der Reichtum eines Menschen setzt die Armut unzähliger anderer voraus, die Größe eines Sterblichen die Herabdrückung aller ihm Gehorchenden.« – »Was also kann die Menschen glücklich machen?« fragte ich. – »Nur die tatsächlichen Güter, die auf sich selber und nicht auf das Elend noch auf die Demütigung der Nebenmenschen gegründet sind, als da sind Tugend, Gesundheit, Friede, Vernünftigkeit und Ehrfurcht vor den Göttern.« – »Aber die Ehren und Reichtümer sind nicht unvereinbar mit solcher Art Güter«, versetzte ich. – »Fast immer sind sie das; denn die Götter hatten die lästigen Beschwerden der Sterblichen satt, die alle von ihnen zu fordern pflegten, was nur sehr wenige erhalten konnten, und sie beschlossen deshalb, diese Art Güter zu entadeln; so verknüpften sie mit ihnen die Traurigkeit, die brennenden Sorgen, die schlaflosen Nächte, die Krankheiten, die Begierden, den Ekel, die Blässe, die Angst – und dennoch, o über den seltsamen Wahn!, bitten uns die Menschen nicht weniger darum.« – »Aber die Armen«, entgegnete ich ihm, »sind sie denn glücklicher?« – Daraufhin sprach er zu mir die bedeutenden Worte: »Die Götter haben eine noch unglücklichere Menschenklasse als die Reichen geschaffen, die Armen nämlich, die nach Reichtum verlangen.«

Danach wurde ich einem Hausgott beigegeben, der auf eines der üppigsten Häuser unserer damaligen Stadt zu achten hatte. Ich erspare dir die Geschichte ihrer Bewohner, aber das kannst du mir gut und gerne glauben, wenn sie sich etwas Böses vorgenommen hatten, so machten sie sich immer vor unseren Augen an die Ausführung. Der Hausherr war ein gewichtiger Beamter, und zeigte er sich in der Öffentlichkeit, dann hörte ich ihn immer reden, wie es Justitia selber hätte tun können; aber nie bin ich einem so unehrlichen Gesellen begegnet wie ihm, wenn er das Amtskleid ausgezogen hatte. Freilich, seine Frau verfuhr mit ihm wie er mit der Öffentlichkeit. Vor ihm hielt sie die allerkeuschesten Reden, in seiner Abwesenheit aber war er ein fein zugerichteter Gatte; und das Töchterchen wiederum war ein Tugendmuster vor den Augen der Mutter, kam aber mit fünfzehn Jahren in gesegnete Umstände. Den Tanz hättest du sehen müssen, den sie ihr aufführten, und wie oft am Tage sie ihr den Ehrverlust der Familie vorwarfen! »Ach!« sprach mein Herr, »die großen Schufte! Nicht im geringsten hätten sie sich um die Geschichte gegrämt, wenn nur wir allein darum gewußt hätten.«

Während meines Aufenthalts bei den Genien widerfuhr einem kleinen uns befreundeten Inkubus ein großes Unheil. Er verlor seinen Hut, und ein Mensch fand ihn. Wodurch dessen Geschäfte in Flor kamen, denn der arme Gott sah sich gezwungen, ihm zu dienen. Er war wirklich der unglücklichste kleine Genius, den es gab. Sein Herr spielte vom Morgen bis zum Abend und ließ ihm keinen Augenblick Ruhe. Er mußte in den Würfelbecher steigen, sich schütteln lassen, die Würfel lenken, auf den Tisch geleiten und sich zu alledem noch die meiste Zeit von Flüchen umwettern lassen. Freilich nahm er sich das nicht zu Herzen; er kannte die allgemeine Ungerechtigkeit der Menschen, die alle ihnen widerfahrende Güte nie ihrer eigenen großen Klugheit zuzuschreiben verfehlen, alles Üble dagegen der Eifersucht der Wesen über ihnen.

Dann diente ich einem Genius, der ausgesandt war, die Statue des Pygmalion zu beleben. Ich hörte einen dem Bildhauer sagen: »Du mußt verrückt gewesen sein, daß du eine deiner Statuen liebtest.« – »Mein Freund«, antwortete er, »du bist ein Dichter, und so kommt es dir gewiß nicht zu, mir die Verliebtheit in

meine Werke vorzuwerfen; du bist von den deinen entzückt, nur hat Apoll ihnen nicht Kraft und Leben verliehen.«

Ich erinnere mich des Tages, an dem die Götter auf solche Weise ihre Macht kundtaten. Pygmalion sah Leben in seiner Statue und fürchtete, sich zu täuschen. »Ach!« sagte er, »du lebst, und ich soll der Glücklichste aller Sterblichen sein.« Sie blickte ihn schmachtend an. Pygmalion schien vor Freude hingerissen. »Ich liebte dich, und nicht nur bliebst du fühllos für meine Liebe, sondern konntest sie selbst nicht erkennen; jetzt aber sollst du wissen, daß ich verwegene Wünsche um dich getan habe und daß nur die Größe meiner Liebe die Götter zu rühren vermochte.«

Nun begann mein Genius wieder, mich in Menschenleibern kreisen zu lassen. Ich übergehe eine große Zahl von Wandlungen, um dir von der folgenden zu spre-

chen, an die zu denken mir noch immer schmeichelt.

Ich war Grieche und durchreiste nach dem Beispiel zahlreicher Philosophen verschiedentliche Länder. Eine Zeitlang faßte ich in Ägypten Fuß und erwarb dort Ansehen. Der König stand gerade im Begriff, einen Kriegszug zu beginnen, als sich ein glückverheißendes Zeichen in Memphis ereignete und man ein anderes, für unheilvoll angesehenes aus Saïs meldete. In solcher Ungewißheit befragte man mehrere Orakel, und auch sie stimmten ebensowenig überein wie die Zeichen.

Nun hörte man die Meinung der Priester, jeder brachte die seine zur Geltung, und so wuchs die Bestürzung des Königs. Wie sehr, kannst du daraus ersehen, daß er zu mir, zu einem Fremdling also, seine Zuflucht nahm. »Herr«, sprach ich zu ihm, »die Menschen sind nicht dazu geschaffen, den Sonderwillen der Götter zu erkennen, sondern nur dazu, sich in den allgemeinen Absichten der Gottheit auszukennen. Die Götter wünschen, du mögest keinen ungerechten Krieg führen und die dir von ihnen verliehene Macht nicht anders anwenden, als sie selber tun würden, hätten sie die Macht zurückbehalten.« – »Aber«, meinte der König, »auch die gerechtesten Unternehmungen können scheitern, und ein im rechten Moment erhaltenes Orakel kann uns davor bewahren.« – »Wollten die Götter dich vernichten«, antwortete ich, »so wären sie nicht bei Sinnen, wenn sie dir ihre Pläne enthüllen würden. Sie sind klug genug, ihre Geheimnisse zu hüten. Du bist es, der sich zum Sklaven dessen macht, was er Wunderzeichen nennt; sie tun es nicht.« Und da er von seiner Ungewißheit nicht loskam, fügte ich hinzu: »Die Unschlüssigkeit bringt alle Wirkungen der Furchtsamkeit hervor und außerdem noch schlimmere. Die Götter haben dir Heere gegeben, und du besitzest ohne Zweifel Klugheit und Mut; das sind die Orakel, die man befragen soll.«

Die vorigen Könige hatten ihre Völker unter dem Bau der Pyramiden leiden lassen. Mein Herrscher wollte ihrem Beispiel folgen. Ich sagte ihm: »Herr, eine Kurtisane aus Nokretis ließ einstmals eine

Pyramide errichten. Sie hatte recht: sie hinterließ ein Denkmal ihrer Schönheit. Dagegen sehe ich nicht, was die von dir beabsichtigte Pyramide der Nachwelt zu deinen Gunsten erweisen soll.« – »Meine Macht wird sie erweisen«, sprach der König. – »Und wer wird jemals an der Macht eines Königs von Ägypten zweifeln? Es hat den Anschein, als würden die Torheiten deiner Nachfolger sie genügend erweisen, ohne daß du dich erst hineinzumischen brauchtest. Die wahre Größe bestünde darin, daß du durch deine Tugenden von denen dich abhöbest, die dir an Macht gleichen werden.« – »Du weißt gar nicht Bescheid in der Religion der Ägypter«, sprach der König. »Wir glauben in den Gräbern fortleben zu müssen; und da wir Könige immer der Wut des Volkes ausgesetzt sind und sie nach unserm Tode an unsern heiligen Manen ausgelassen zu sehen

fürchten, so bauen wir eben Pyramiden zum Schutz hiergegen.« – »Kannst du«, erwiderte ich ihm, »nur aus dieser Quelle den Genuß der Unsterblichkeit schöpfen? Möchte dich die Liebe deiner Untertanen nicht besser schützen als ihre Pyramiden? König Osiris' Leiche ist seit so langem schutzlos vor allem Volke ausgestellt; sieh zu, ob noch je ein Ägypter so gottvergessen gewesen, sich an ihr zu vergreifen. Ehe man ihn als Menschen nicht genug ehrt, betet man ihn lieber an wie einen Gott. Herr, wir haben den Trieb, unsern König zu lieben, wie wir den Trieb haben, unser Vaterland zu lieben; nimm für gewiß, ein Fürst, der sich den Haß seiner Untertanen erwerben will, muß sich der Mühe unterziehen, erst das natürlichste Gefühl der Welt in ihrem Herzen zu zerstören.«

Eines Tages sagte mir der König: »Ich bin außer mir vor Freude; eben hat man mir den Ort mitgeteilt, wo König Othotis' Schätze verborgen liegen.« Und dann, zu seinen Ministern gewandt: »Geht, eilt,

schafft Arbeiter herbei! Tragt die Berge ab!« – Achselzuckend hielt ich ihm vor: »Aber mein König! Kann sich der Herr der Welt bereichern?« – »Gewiß! Denn alle Schätze der Könige von Theben werden mein sein, ich lasse sie nach Memphis bringen und für meine Bedürfnisse aufbewahren.« – »Ich verstehe dich: nun kannst du an Habgier zunehmen, da du es an Reichtum nicht vermagst.«

Ein andermal traf ich ihn in wildem Zorn: »Ich bin empört gegen die Bürger von Memphis, mitten im Theater rebellieren sie gegen mich; mir ist ein Schauspieler lieb, und sie beklatschen ständig einen andern.« – »Herr«, redete ich ihm zu, »du hast dem Volk den Einblick in die Geschäfte genommen und hast ihm zur Ausfüllung die Schauspielfreuden gegeben; so sind ihm jene vorher unwichtigen Dinge nun bedeutsam geworden. Und in eben ihnen willst du es heute verletzen.

Du kränkst es in seiner Neigung, in jener Neigung, die seine Freiheit ausmacht. Herr, ein verkrümmtes Volk nimmt das ernst, woran ein ungebrochenes sein Vergnügen findet. Sähest du es lieber seine Zeit darauf verwenden, dich zur Rechenschaft zu ziehen für alles von dir vergossene Blut?«

Der Erfolg so unverblümter Reden bestand in meiner baldigen Entlassung aus

dem Hofdienst. Ich verließ Ägypten und kehrte in meine Heimat Korinth zurück, entschlossen, sie nie wieder zu verlassen.

Dort lebte ich unter meinen Mitbürgern und legte meine strengen Formen ab. Es war mir aufgegangen, daß mit dem Bewundernlassen der Tugend nichts getan sei; daß man ihr vielmehr Liebe erobern müsse.

Hauptsächlich bemühte ich mich, meinen Geist daran zu gewöhnen, daß er die Dinge immer von der guten Seite nähme und das Wertvolle in ihnen suchte, wenn sie irgend danach angetan waren.

Wenn ich die Staatsleiter als verdorbene Leute verschreien hörte, sprach ich zu mir selber: ›Das ist nun eine Ansicht, die man besser nicht hegte, indessen kann sie doch von Nutzen sein. Die im Besitz der Macht Befindlichen werden besser auf der Hut sein; Schmeichler haben sie schon allzu viele; gut, wenn sie sich Richtern gegenüber wissen, die nicht nur streng, sondern auch gewarnt sind.‹

Hörte ich, daß die Minister das öffentliche Wohl liebten, so schmeichelte das meiner Zärtlichkeit für die menschliche Natur. Ich empfand Vergnügen beim Vernehmen solcher Worte; ich nahm sie als Wahrheit hin und als glückbringendes Vorzeichen künftiger Wirklichkeit.

Behauptete einer, daß unser Handel blühe, so segnete ich das Schicksal unserer Stadt, das ihr Gedeihen gewährt hatte, ohne sie zur Arbeit am Ruin anderer Völker zu zwingen.

Ich war wahrhaft patriotisch gesinnt; ich liebte mein Land nicht nur als meine Geburtsstätte, sondern auch als einen Teil jenes großen Vaterlandes, das aus der gesamten Welt besteht.

Einmal mußte ich nach Athen reisen und sah die neuen, dort im Entstehen begriffenen Bauten. Ich fühlte, wie ich mich

dafür erwärmte und wie es mir lieb war, die Menschen um eine so schöne Heimstätte bereichert zu sehen.

Ein aus Asien heimkehrender Reisender erzählte mir von Persepolis' Herrlichkeit. Ich empfing davon freudige, große und schöne Vorstellungen, die eine wohlige Empfindung in meiner Seele hervorriefen. Es war mir lieb, von einem so schönen Ort auf Erden zu wissen, ich hatte ihn nicht gesehen und verdankte ihm doch schon froh verlebte Augenblicke.

Wie die Götter in Tempeln wohnen und solche Stätten gern haben, ohne ihre Liebe zum übrigen Universum einzubüßen, so, meinte ich, sollten die Menschen bei aller Anhänglichkeit an ihr Vaterland ihr Wohlwollen auf alle Geschöpfe ausdehnen, die zu erkennen vermögen und zu lieben imstande sind.

Hätte ich etwas gewußt, das mir selber zu Nutze, meiner Familie aber unvorteilhaft gewesen wäre, ich hätte es mir aus dem Sinn geschlagen; hätte ich etwas gewußt, das meiner Familie nützlich gewesen wäre, meinem Vaterlande aber nicht, ich hätte es zu vergessen gesucht; und hätte ich etwas gewußt, das meinem Vaterlande von Nutzen, für Europa aber schädlich, oder das für Europa nützlich, für das Menschengeschlecht aber schädlich gewesen wäre, ich hätte es als ein Verbrechen betrachtet.

Da ich sah, wie alle meine Mitbürger ihr

väterliches Erbteil zu vermehren bemüht waren, glaubte ich, wie sie handeln zu müssen. Ich kam bald zu Reichtum. Einem Manne machte mein bißchen Glück Angst, und er warf es mir vor.

»Freund«, sprach ich zu ihm, »ich stamme nicht wie du aus einer angesehenen Familie in unserer Stadt; aber ich habe einigen Besitz; den erwarb ich durch meine Arbeit, während du deine Zeit auf Klagen über das Schicksal verwandtest. Wie hoch auch mein Vermögen sich beziffere, so versichere ich dir doch, es nicht so wichtig zu nehmen, wie du glaubst; zeige mir nur, daß du seiner würdig bist, so will ich es gern mit dir teilen. Doch gestehe ich dir meine Betrübnis über deine Vorwürfe. Ist es möglich, daß du nur einige elende Reichtümer und sonst gar nichts an mir zu beneiden finden kannst?«

Als mich mein Genius auf so hoher Tugendstufe sah, wollte er mich prüfen und verjüngte mich. Solch ein Wechsel erschütterte meine Seele. Tausend Leidenschaften erstanden in meinem Herzen; ich vermochte mich nicht mehr zu zügeln. »Götter«, rief ich, »was soll aus mir werden? Müßt ihr mir meine Schwäche wieder schenken, um mir die Vernunft zurückzugeben?«

Da sich die Stählung meiner Seele nicht bewährt hatte, ward ich in andre Lebensläufe zurückgestoßen. Statt aber neue Stufen der Vervollkommnung zu erklimmen, sank ich unmerklich; immer blieb ich unter dem eigenen Maß und gelangte schließlich zu den beiden Daseinsformen, die meinem gegenwärtigen Zustand vorangegangen sind und, wie ich glaube, mein jetziges Wesen vorbereitet haben.

Ich kam in Neapel zur Welt, und der meine Geburt leitende Genius hielt nach

Prüfung meiner Zungen- und Hirnfibern dafür, daß ich eines Tages im Plaudern unermüdlich sein würde. Als Kind hörte meine Mutter mich unablässig schwatzen, war entzückt, ihr vollkommenes Abbild in mir zu finden, und brachte ihr Leben damit zu, allen Leuten, die ihr zuhören wollten, all meine Reden als höchst amüsant darzustellen. Als Schüler der Rhetorik soll ich mich dieser Wissenschaft so bemächtigt haben, daß ich immerfort sprach. Sobald ich die Schulbank verlas-

sen hatte, wurde ich Rechtsanwalt. Besonders glänzte ich in der Ausbreitung meiner Gründe, und brachte ich ihrer auch nur einen zur Geltung, so glich ich dabei jenen Arbeitern, die einen winzigen Goldbarren zu einem zweihundert Meilen langen Faden oder zu einer Fläche schlagen, die ein ganzes Land zu bedecken vermag.

Nach einer Bronchitis gab ich die Advokatur auf und wurde Arzt. Ich genoß weiterhin meine natürliche Begabung. Meine Kranken ließ ich gar nicht zur Erklärung ihrer Leiden kommen, denn ich stellte ihnen zwar Fragen, antwortete aber stets für sie. Viel Wissen besaß ich nicht, und während meine Kollegen ihre Opfer dem Äskulap zu bringen pflegten, brachte ich die meinen dem Gott des Zufalls; und erregte der Unglücksfall eines bekannten Mannes, dessen Lebenslauf ich ein bißchen übereilt hatte, Unwillen gegen mich, so blieb mir das Hilfsmittel reichlicheren

Wortgebrauches; wodurch ich dann die öffentliche Achtung zurückgewann. Im Alter schrieb ich ein Buch, das mir ein Ansehen verlieh und dadurch das Leben all meiner Mitbürger in meine Hände lieferte. Ich prüfte immer, ob bei rechtem Verfahren die Natur der Kunst helfen müßte oder die Kunst der Natur. Ich wurde reich; mein Ansehen vermehrte meinen Reichtum und mein Reichtum mein Ansehen. Alle Welt wollte mein Pa-

tient sein, und an meiner Behandlung zu sterben gehörte zum guten Ton.

In Mazedonien geboren, diente ich dreißig Jahre in der Phalanx. Nach mehrfacher Verwundung zog ich mich mit einer kleinen Ehrenauszeichnung zurück und wurde biederer Bürger von Pella. Ich war vorzüglich unterrichtet über alle Vorfälle bei der Truppe, in der ich gedient hatte. Davon erzählte ich dann recht vielen Leuten und kann dir die Ausbreitung eines falschen Gerüchtes in meinem Stadtviertel nicht verhehlen, wonach ich ein bißchen langweilig sein sollte. Hieraus entstand ein solches Vorurteil gegen mich, daß mir beim Sprechen keiner zuhörte und daß niemand, vor dem ich eine Erzählung begann, ihr Ende vernahm. Kaum hatte ich mir einen Hörerkreis verschafft, so löste er sich von selber auf, und blieben mir nur noch zwei bis drei Leute, dann sagte der eine mit zerstreuter

Miene und die Nase in der Luft: »Herr Hauptmann, ich habe etwas vor.« – »Herr Hauptmann«, sagte der andere, »Verzeihung, da geht eine Dame vorüber, mit der ich zu sprechen habe.« Und ich, ich sagte nichts weiter. An alledem war das Gerücht schuld, das, wie gesagt, übelwollende Menschen gegen mich ausgestreut hatten. Um es zu zerstören, beschloß ich, mir die Leute einzeln nacheinander vorzunehmen und ihnen der Reihe nach deutlich zu machen, daß ich nicht so langweilig war wie mein Ruf. Eines Tages begleitete meine Hand im Sturzbach des Erzählens meine Stimme und schüttelte, wenn auch nur sanft, einen recht griesgrämigen Mann. »Herr!« fuhr der auf, »daß die Geschichte mich langweilen würde, wußte ich genau im vornherein; aber daß der Erzähler mich körperlich verletzt, ist doch zu stark!« – Glut stieg mir ins Gesicht, und ich entgegnete: »Sie reden höchst kindisch daher und werden mir Rechenschaft geben.« – »Also einverstanden!« sagte er, »denn immer noch lieber will ich mich mit Ihnen schlagen als Ihnen zuhören.« Wir schlugen uns, und ich versetzte ihm einen Degenstich ins Gesicht und einen in den Arm. »Herr Hauptmann«, meinte er, »so haben Sie mich nur verwundet, aber Sie hätten mich sterben lassen, hätten Sie Ihre Geschichte zu Ende erzählt.« – »Zweifelsohne wollen Sie von vorn anfangen«, versetzte ich, »da Sie mich wieder beleidigen.« Wir schlugen uns wieder, und ich entwaffnete ihn. »Bitten Sie mich um Ihr Leben!« – »Also

schön, ich bitte Sie darum, aber unter der Bedingung, daß Sie mir keine Geschichte mehr erzählen.« Ich sah, der Mensch war verrückt, und ließ ihn laufen.

Zwei Tage danach trat ich in ein Haus, wo mehrere Spieltische standen. Ich setzte mich mit zwei oder drei Leuten in einen Winkel und begann, ihnen die berühmte Belagerung von Amphipolis zu erzählen. Da ich ins einzelne ging und infolgedessen kaum rascher vorrückte als die Belagerung, hörte ich hinter mir eine Stimme reden: »Herr Hauptmann, denken Sie an unsere Abmachung!« Ich wandte den Kopf; es war mein Frechdachs, der mit stark verpflastertem Gesicht hinter mir spielte. Ich war starr, und da ich die Unmöglichkeit des Zusammenlebens mit einem solchen Menschen einsah, beschloß ich, nie wieder den Mund vor ihm zu öffnen, so daß ich also meine Belagerung aufgab und fortging.

Von da an willigte ich in die Abkürzung meiner Plaudereien; mit dem Erfolg, daß ich mich meines Vergnügens an ihnen zu drei Vierteln beraubte. Alle Nebenumstände meiner Erzählungen schnitt ich weg, so daß sie einem verschnittenen Baume ähnlich sahen. Offen gestanden, ich begriff nicht, wie solch ein verkürzter Stil, solche trockenen, entfleischten Berichte gefallen konnten; wenn eine Geschichte amüsant ist, so hätten sie mich auch recht lange amüsieren sollen.

Das heißt also, ich war in jenem Lebenslauf, so wie ich gegenwärtig bin: freimütig, kindlich offen und immer bereit, die andern an meinem Wissen teilhaben zu lassen ... Aber hier mußt du mich, bitte, entschuldigen; ich komme zu meinem jetzigen Leben und sehe mich zum Aufhören verpflichtet.

Ich kann dir, Ayesda, ohne Schmeichelei sagen: du bist ein anbetungswürdiger

Zuhörer. Nie hast du mich unterbrochen, und auf deinem Antlitz sah ich alle Spiegelungen des Vergnügens, der Bewunderung und der Überraschung.

Es dürfte dir vielleicht nicht möglich sein, all das Zeug zu behalten. Wenn du willst, fang ich morgen von vorn an. Ich bin so genau, daß dir bestimmt nicht der kleinste Nebenumstand entgehen soll.

AUFBAU BIBLIOTHEK
Jeden Monat Weltliteratur

*Walther von der Vogelweide*

# FRAU WELT, ICH HAB VON DIR GETRUNKEN

*Gedichte*

Herausgegeben und übertragen
von Hubert Witt
Mit einem Frontispiz
357 Seiten
ISBN 3-7466-6018-1

Die von Hubert Witt besorgte Ausgabe ist die umfassendste Sammlung der Gedichte von Walther von der Vogelweide, dem bedeutendsten mittelhochdeutschen Lyriker und Spruchdichter. Gegenüber allen anderen Ausgaben wird dem Leser nur hier eine neuhochdeutsche Nachdichtung geboren. Die Wiedergabe der Originaltexte erfolgt nach den Handschriften. Der kenntnisreiche Kommentar charakterisiert den Dichter in seinem Umfeld und seiner sprachlichen Spezifik.

AUFBAU BIBLIOTHEK
Jeden Monat Weltliteratur

*Johann Wolfgang Goethe*

# WILHELM MEISTERS THEATRALISCHE SENDUNG

*Roman*

352 Seiten

ISBN 3-7466-6015-7

Goethes Roman eines Theater-Enthusiasten ist voller Leidenschaft und Überschwang: Tragische Verwicklungen und komische Szenen, Verwirrung der Gefühle, selige Erfüllung und bittere Enttäuschung auf der Bühne und im Leben vermischen sich auf wunderliche Weise zu einem der genialsten Theaterromane der Weltliteratur.

AtV
Aufbau Taschenbuch Verlag

AUFBAU BIBLIOTHEK
Jeden Monat Weltliteratur

*Friedrich Schiller*

DER GEISTERSEHER

*Erzählungen*

212 Seiten

ISBN 3-7466-6011-4

Die Verirrungen der Menschen unter dem Einfluß innerer und äußerer Zwänge – ein echtes Schiller-Thema, das der Leser in der Titelerzählung »Der Geisterseher«, im »Verbrecher aus verlorener Ehre« und in dem »Merkwürdigen Beispiel eine weiblichen Rache« wiederfindet.

AtV
Aufbau Taschenbuch Verlag